岩手県《いわてけん》の沿岸部《えんがんぶ》は、海岸線《かいがんせん》がくねくねと入り組み、交通の難所《なんしょ》が多い。
そのため、三陸鉄道《さんりくてつどう》は地元の人たちの大切な足になってきた

田野畑
ワンマン
ワンマン
出入口

震災学習列車《しんさいがくしゅうれっしゃ》が走りだしたのは、2012年6月。東日本大震災《ひがしにほんだいしんさい》から1年以上《いじょう》が過《す》ぎても、
車窓《しゃそう》から震災《しんさい》のつめあとがはっきりと見えた（北リアス線　陸中野田《りくちゅうのだ》—野田玉川《のだたまがわ》間）

震災学習列車《しんさいがくしゅうれっしゃ》のガイドを担当《たんとう》する、
北リアス線運行部《うんこうぶ》の二橋守《にはしまもる》さん

たくさんの犠牲者《ぎせいしゃ》が出た場所《ばしょ》で列車《れっしゃ》を停車《ていしゃ》し、
黙《もく》とうをささげる

きずなを結《むす》ぶ
震《しん》災《さい》学《がく》習《しゅう》列《れっ》車《しゃ》

三《さん》陸《りく》鉄《てつ》道《どう》、未《み》来《らい》へ

堀《ほり》米《ごめ》 薫《かおる》＝文

感動
ノンフィクション
シリーズ

きずなを結《むす》ぶ震《しん》災《さい》学《がく》習《しゅう》列《れっ》車《しゃ》

もくじ

第《だい》1章《しょう》　三年目の三・一一

二〇一四年三月十一日。

わたしは、岩手県大船渡市《いわてけんおおふなとし》にある、三陸鉄道《さんりくてつどう》の盛駅《さかりえき》にいました。

東日本大震災《ひがしにほんだいしんさい》の発生《はっせい》から三年目となる、この日。わたしが盛駅《さかりえき》にやってきたのは、三陸鉄道《さんりくてつどう》の震災学習列車《しんさいがくしゅうれっしゃ》に乗《の》るためです。

三陸鉄道《さんりくてつどう》は、岩手県《いわてけん》の沿岸部《えんがんぶ》を走る鉄道《てつどう》です。北リアス線と南リアス線の、ふたつの路線《ろせん》からなっています。

岩手県《いわてけん》は、大震災《だいしんさい》によって、死者《ししゃ》・行方不明者《ゆくえふめいしゃ》が五千八百人をこえるという甚大《じんだい》な被害《ひがい》を受《う》けました。海ぞいを走る三陸鉄道《さんりくてつどう》も、地震《じしん》と津波《つなみ》により壊滅的《かいめつてき》な被害《ひがい》を受《う》けました。

震災学習列車《しんさいがくしゅうれっしゃ》とは、その名のとおり、震災《しんさい》で起《お》きたことや防災《ぼうさい》の知識《ちしき》を学ぶことができる列車《れっしゃ》です。列車《れっしゃ》に乗《の》り、被災《ひさい》した地域《ちいき》を自分の目で見ながら、三陸鉄道《さんりくてつどう》の社員《しゃいん》の話を聞くことができます。

三年がすぎた被災地《ひさいち》は、どのようになっているのでしょうか。列車《れっしゃ》の中では、どんなことが語られるのでしょうか。

わたしは、少しきんちょうしながら列車《れっしゃ》の到着《とうちゃく》を待《ま》っていました。

三陸鉄道《さんりくてつどう》のふたつの路線《ろせん》

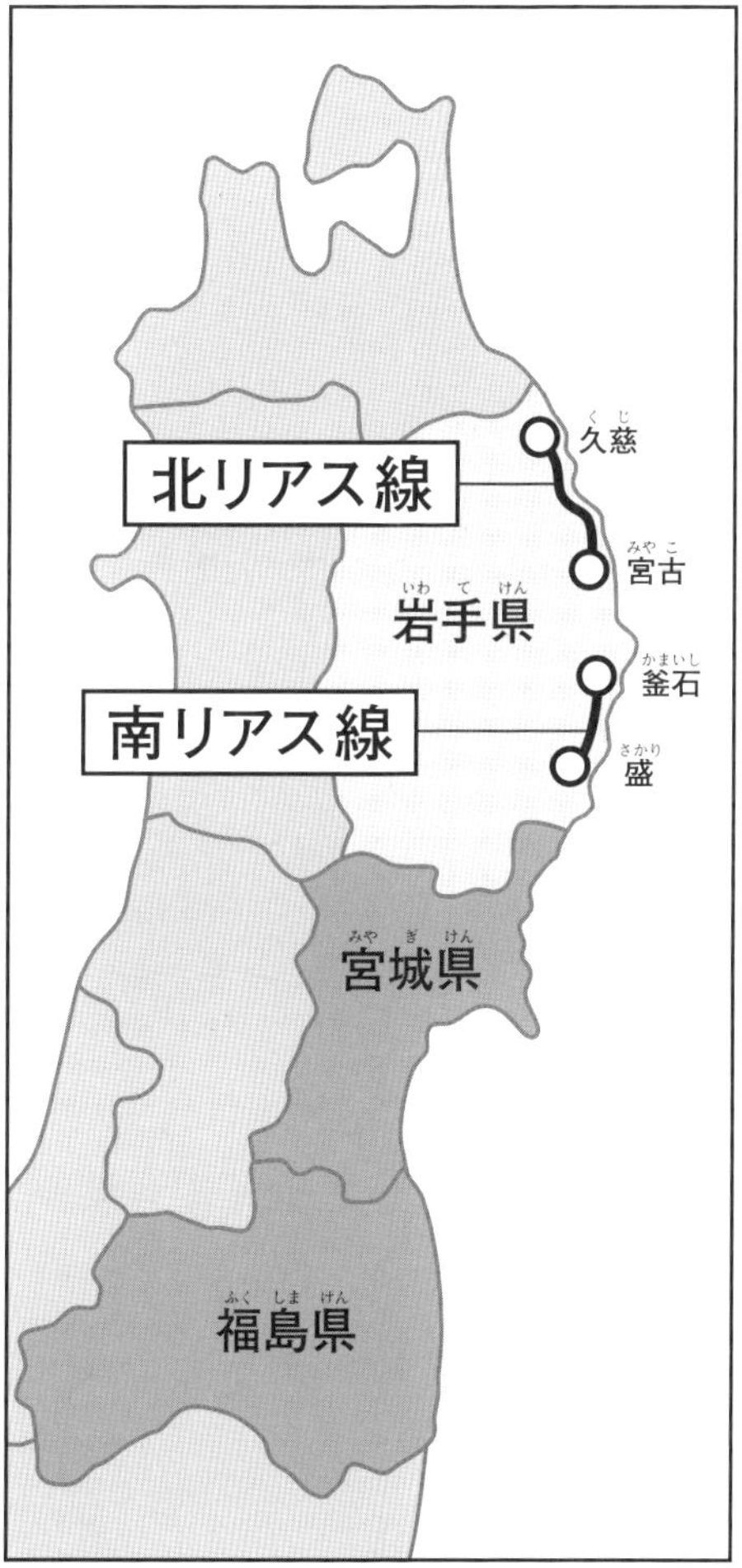

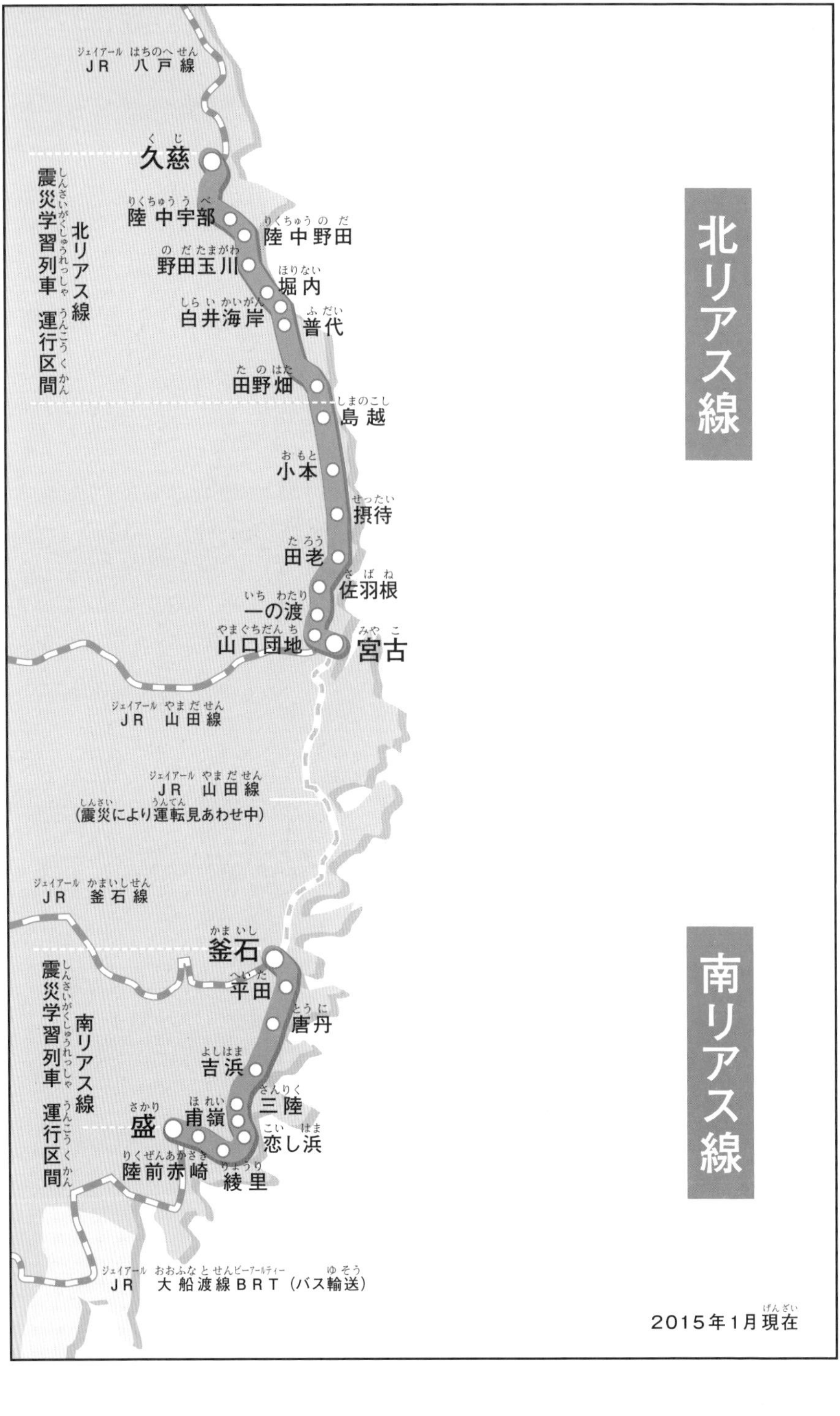

JR《ジェイアール》 八戸線《はちのへせん》
久慈《くじ》
震災学習列車《しんさいがくしゅうれっしゃ》 運行区間《うんこうくかん》
北リアス線
陸中宇部《りくちゅううべ》
陸中野田《りくちゅうのだ》
野田玉川《のだたまがわ》
堀内《ほりない》
白井海岸《しらいかいがん》
普代《ふだい》
田野畑《たのはた》
島越《しまのこし》
小本《おもと》
摂待《せったい》
田老《たろう》
佐羽根《さばね》
一の渡《いちわたり》
山口団地《やまぐちだんち》
宮古《みやこ》
JR《ジェイアール》 山田線《やまだせん》
JR《ジェイアール》 山田線《やまだせん》
（震災《しんさい》により運転《うんてん》見あわせ中）
JR《ジェイアール》 釜石線《かまいしせん》
釜石《かまいし》
震災学習列車《しんさいがくしゅうれっしゃ》 運行区間《うんこうくかん》
南リアス線
平田《へいた》
唐丹《とうに》
吉浜《よしはま》
三陸《さんりく》
甫嶺《ほれい》
盛《さかり》
恋し浜《こいはま》
陸前赤崎《りくぜんあかさき》
綾里《りょうり》
JR《ジェイアール》 大船渡線《おおふなとせん》BRT《ビーアールティー》（バス輸送《ゆそう》）
2015年1月現在《げんざい》
北リアス線
南リアス線

二両編成《りょうへんせい》の列車《れっしゃ》が、ゆっくりとホームに入ってきました。アイボリーホワイトの車体に青と赤のラインが入った、三陸鉄道《さんりくてつどう》のシンボル的《てき》な列車《れっしゃ》です。

ふと、乗車口《じょうしゃぐち》のそばに、見なれない文字が書いてあることに気づきました。

「何だろう、アラビア文字かな？」

ほかの乗客《じょうきゃく》たちも、ふしぎそうに言葉《ことば》を交わしながら、車両《しゃりょう》に乗《の》りこんでいきます。

テーブルのついた向《む》かいあわせの座席《ざせき》はゆったりとして、窓《まど》は大きな一枚《まい》ガラスで見通しよく作られています。

車両《しゃりょう》の先頭に、青い制服《せいふく》を着《き》た男の人があらわれました。この日、ガイドをつとめる、三陸鉄道社員《さんりくてつどうしゃいん》の熊谷松一《くまがいしょういち》さんです。

ベルの音が鳴り、いよいよ震災学習列車《しんさいがくしゅうれっしゃ》が盛駅《さかりえき》を出発《しゅっぱつ》します。

「今日は、震災学習列車《しんさいがくしゅうれっしゃ》にご乗車《じょうしゃ》いただきまして、ありがとうございます。わたしは、南リアス線運行部《うんこうぶ》の熊谷《くまがい》と申《もう》します」

岩手《いわて》なまりをふくんだ熊谷《くまがい》さんの声が、車内にやわらかくひびきます。

列車《れっしゃ》はスピードをあげ、家が立ちならぶ街《まち》の中を走りだしました。

熊谷《くまがい》さんが窓《まど》の外を手でしめしながら、震災《しんさい》の被害《ひがい》の状況《じょうきょう》を話しはじめました。

「ここは、海から直線きょりで、約《やく》一・五キロメートルほどはなれた場所《ばしょ》です。左手に三陸鉄道《さんりくてつどう》の事務所《じむしょ》と車両基地《しゃりょうきち》があるのが見えますね。じつは、津波《つなみ》は、ここまで到達《とうたつ》しました」

「えっ、こんなところまで？」

盛駅《さかりえき》から、海は見えません。にわかには信《しん》じられない言葉《ことば》に、乗客《じょうきゃく》たちはおもわず窓《まど》をのぞきこみます。

つぎに熊谷《くまがい》さんは、車両全体《しゃりょうぜんたい》をぐるりと見わたしながら言いました。

「みなさんが乗《の》っているこの車両《しゃりょう》は、震災後《しんさいご》に新しく作られたものです。二〇一三年の二月に完成《かんせい》したばかりなんですよ」

南リアス線のガイドをつとめる、熊谷松一《くまがいしょういち》さん。車両《しゃりょう》の先頭に立ち、マイクで解説《かいせつ》をする

南リアス線では震災時《しんさいじ》、四両《りょう》の車両《しゃりょう》を使用《しよう》していました。そのうちの三両《りょう》が、盛《さかり》の車両基地《しゃりょうきち》で津波《つなみ》にあい、二度《にど》と使《つか》えなくなってしまったのです。

新しい車両《しゃりょう》を作ることができたのは、石油《せきゆ》の産油国《さんゆこく》である中東のクウェートから東日本大震災《ひがしにほんだいしんさい》の被災地《ひさいち》へおくられた、支援《しえん》のおかげだそうです。

「クウェートからは、お礼《れい》は何もいりません、と言われたんです。けれど、ぜひ感謝《かんしゃ》の気持《きも》ちを表《あらわ》したいということで、列車《れっしゃ》の正面《しょうめん》にクウェートの国章《こくしょう》を入れました。また乗車口《じょうしゃぐち》の横《よこ》にも、アラビア語と英語《えいご》と日本語で、感謝《かんしゃ》の言《こと》葉《ば》が書いてあります」

なるほど、乗車口《じょうしゃぐち》にあったアラビア文字は、クウェートからの支援《しえん》に対《たい》する、感謝《かんしゃ》の言葉《ことば》だったのです。

列車《れっしゃ》はまもなく、トンネルに入りました。ぬけたかと思うと、またトンネルに入ります。そのたびに、トンネルのかべや天井《てんじょう》に列車《れっしゃ》の走る音がはね返《かえ》り、

南リアス線の車両《しゃりょう》基地《きち》に、津波《つなみ》が到達《とうたつ》したときのようす。おくに見える3両《りょう》は、車両《しゃりょう》下部《かぶ》が海水につかってしまったため、使用《しよう》できなくなった

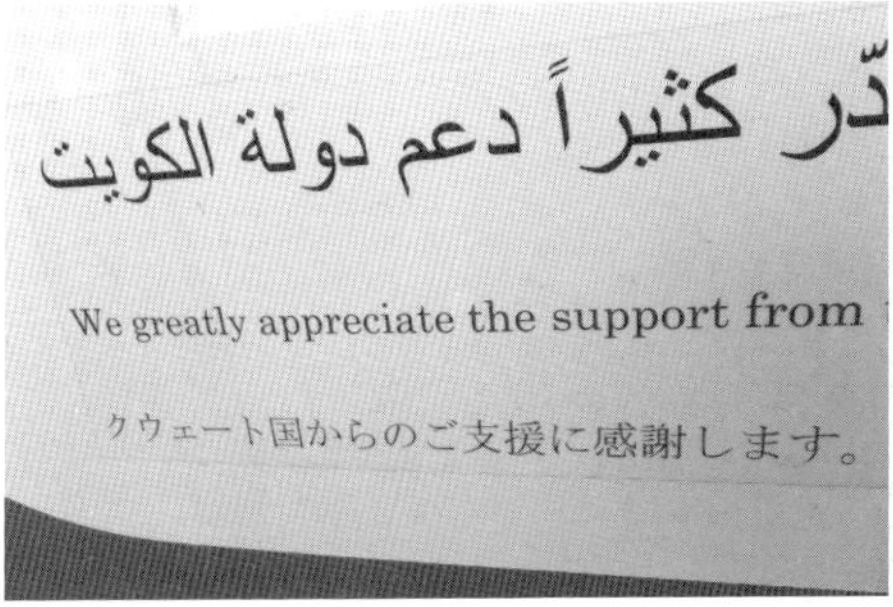

乗車口《じょうしゃぐち》に書かれた感謝《かんしゃ》のメッセージ

クウェートの国章《こくしょう》

ゴーゴーと大きな音が、こまくをふるわせます。

熊谷《くまがい》さんの声が、ごう音に負《ま》けないように大きくなりました。

「岩手県《いわてけん》の沿岸部《えんがんぶ》は、海岸線《かいがんせん》がくねくねと入り組んでいるうえに、海岸《かいがん》の近くまで山がせまっている、典型的《てんけいてき》なリアス式海岸《しきかいがん》になっています。そこをできるだけまっすぐに走るために、三陸鉄道《さんりくてつどう》には、トンネルや橋《はし》がとても多いんです。今日は盛駅《さかりえき》から吉浜駅《よしはまえき》までを走りますが、そのあいだだけで、十四カ所《しょ》もトンネルがあるんですよ」

熊谷《くまがい》さんの言うとおり、列車《れっしゃ》は切れ間なく、何度《なんど》もトンネルに入ります。

ゴーゴーという音がするたびに、広く平らな土地とはまったくちがう、きびしい環境《かんきょう》を走る鉄道《てつどう》であることが、ひしひしと感《かん》じられます。

長いトンネルをぬけた列車《れっしゃ》は、速度《そくど》をゆるめて、線路上《せんろじょう》で停車《ていしゃ》しました。

ここは、かつて陸前赤崎駅《りくぜんあかさきえき》のあった場所《ばしょ》だそうです。駅《えき》は地震《じしん》でこわれ、窓《まど》の外には、がらんとした空き地が広がっています。

震災《しんさい》直後、陸前赤崎駅《りくぜんあかさきえき》のホームから見た駅周辺《えきしゅうへん》のようす

「こちらは、震災前《しんさいまえ》の陸前赤崎駅《りくぜんあかさきえき》から見えた風景《ふうけい》です」

熊谷《くまがい》さんが写真《しゃしん》パネルをとりだし、乗客《じょうきゃく》に見せてくれました。

パネルを見ると、以前《いぜん》は、駅《えき》から海が見えないぐらいに家が密集《みっしゅう》していたことがわかります。けれども、いまは仮設《かせつ》の商店《しょうてん》が数軒《けん》あるだけ。

「ああ、ほんとうに、大変《たいへん》な被害《ひがい》だったんだ……」

あまりにも変《か》わってしまった光景《こうけい》に、乗客《じょうきゃく》からため息《いき》がもれました。

列車《れっしゃ》がふたたび走りだすと、新しく作られた陸前赤崎駅《りくぜんあかさきえき》が見えてきました。以前《いぜん》あった場所《ばしょ》よりも、百メートルほど山側《がわ》にうつしてあります。列車《れっしゃ》の運《うん》行《こう》は再開《さいかい》していますが、階段《かいだん》の一部《いちぶ》はまだ工事中《こうじちゅう》です。震災《しんさい》から三年がすぎてもなお、復興《ふっこう》の途中《とちゅう》なのです。


ふたたび長いトンネルをぬけ、列車《れっしゃ》は綾里地区《りょうりちく》を走ります。

綾里地区《りょうりちく》は、ガイドの熊谷《くまがい》さんが生まれ育《そだ》った地区《ちく》でした。

「綾里地区《りょうりちく》には、ありがたくない日本一の記録《きろく》があります。明治三陸大津波《めいじさんりくおおつなみ》のときに、三十八・二メートルという、日本最大《さいだい》の津波《つなみ》を経験《けいけん》しているのです」

三十八メートルといえば、十〜十二階建《かいだ》てのビルの高さです。海水がそんな高さまでもちあがるとは、津波《つなみ》のエネルギーの何とすさまじいことでしょう。

岩手県沿岸部《いわてけんえんがんぶ》は、東日本大震災《ひがしにほんだいしんさい》の前から、津波《つなみ》の被害《ひがい》を何度《なんど》も受《う》けてきました。明治三陸大津波《めいじさんりくおおつなみ》（一八九六年）、昭和三陸津波《しょうわさんりくつなみ》（一九三三年）、チリ地震津波《じしんつなみ》（一九六〇年）、そして東日本大震災《ひがしにほんだいしんさい》（二〇一一年）と、数十年に一回、大きな津波《つなみ》を経験《けいけん》しています。

「数十年に一回ということは、ほとんどの人が、少なくとも一生に一回、大きな津波《つなみ》を経験《けいけん》するということになります。ですからこの地区《ちく》の住民《じゅうみん》は、地震《じしん》が起《お》きれば津波《つなみ》が来る、という意識《いしき》がとても強いのです」

熊谷《くまがい》さんは、海側《がわ》に見える綾里《りょうり》小学校をしょうかいしました。綾里《りょうり》小学校では、東日本大震災《ひがしにほんだいしんさい》が起《お》きる前から防災訓練《ぼうさいくんれん》に力を入れ、明治《めいじ》と昭和《しょうわ》の津波《つなみ》を題材《だいざい》にした『暴《あば》れ狂《くる》った海』という劇《げき》を学習発表会《がくしゅうはっぴょうかい》で披露《ひろう》してきました。

熊谷《くまがい》さんは、小学校に津波《つなみ》がおしよせたときのことを話してくれました。

「あの日、小学生たちは、この綾里駅《りょうりえき》に避難《ひなん》してきました。雪がふって寒《さむ》いうえに、強い余震《よしん》も続《つづ》いていました。子どもたちは訓練《くんれん》したとおり、このホームの下を通って、さらに山側《がわ》の高台へと避難《ひなん》することができたのです」

訓練《くんれん》や劇《げき》で、もしものときのそなえを学習《がくしゅう》してきたとはいえ、ほんとうに津波《つなみ》がせまってきたときは、どんなにおそろしかったことか。子どもたちが、高台を目指《めざ》して必死《ひっし》でにげるすがたが、目にうかぶようです。

列車《れっしゃ》が山の中をぬけると、こぢんまりとした綾里湾《りょうりわん》が見えてきました。今回の大津波《おおつなみ》でも、二十メートル以上《いじょう》の波《なみ》がおしよせ、V《ブイ》字型《がた》になった湾《わん》のおくでは、波《なみ》が山肌《やまはだ》をいっきに三十メートル近くまでかけあがったことがわかっています。湾内《わんない》に広がる青くおだやかな海を見ていると、そこからおそろしい大津波《おおつなみ》がおそってくるとは、想像《そうぞう》もできませんでした。

しばらくすると、列車《れっしゃ》は、つぎの恋《こい》し浜駅《はまえき》に停車《ていしゃ》しました。以前《いぜん》は「小《こ》石浜《いしはま》」という駅名《えきめい》でしたが、地元のホタテ養殖《ようしょく》の漁業者《ぎょぎょうしゃ》が「恋《こい》し浜《はま》ホタテ」というブランドを作ったことから、二〇〇九年に三陸鉄道《さんりくてつどう》も「恋《こい》し浜《はま》」と、駅名《えきめい》を変《か》えたのでした。

地域《ちいき》のブランドをもりあげるために駅名《えきめい》も変《か》えてしまう！　三陸鉄道《さんりくてつどう》が、地域《ちいき》に密着《みっちゃく》している鉄道《てつどう》であることに、心がなごみます。

待合室《まちあいしつ》には、ホタテの貝がらで作った絵馬《えま》がたくさんつるされていました。

復興《ふっこう》への願《ねが》いが書かれたホタテの絵馬《えま》

「東北が元気になりますように」「三鉄《さんてつ》がんばれ！」など、復興《ふっこう》の祈《いの》りやはげましが書きこまれています。

「〝恋《こい》〟という文字がつく駅《えき》は、全国《ぜんこく》に四カ所《しょ》しかないそうです。震災後《しんさいご》、他県《たけん》から応援《おうえん》に来てくれた警察官《けいさつかん》の方も、恋《こい》し浜駅《はまえき》のことを知っていて、わざわざ駅《えき》まで来て、絵馬《えま》を書いてくださったんですよ」

そう話す熊谷《くまがい》さんの表情《ひょうじょう》が、ふっとやわらかくなりました。

しばらく列車《れっしゃ》が進《すす》み、甫嶺地区《ほれいちく》に入ると、あたりの風景《ふうけい》がガラリと変《か》わりました。列車《れっしゃ》から見て、海側《がわ》はほとんどが空き地になっていますが、山側《がわ》には家が残《のこ》っています。三陸鉄道《さんりくてつどう》をはさんで、左右がまったくちがう景色《けしき》になっているのです。

「津波《つなみ》が防潮堤《ぼうちょうてい》をこえたにもかかわらず、三陸鉄道《さんりくてつどう》の線路《せんろ》が走る高い※築堤《ちくてい》があったおかげで波《なみ》の力が弱まり、山側《がわ》の家が流《なが》されずにすんだのです」

熊谷《くまがい》さんの声にぐっと力が入ります。

「列車《れっしゃ》に乗《の》っていただくとわかるように、三陸鉄道《さんりくてつどう》は、地面《じめん》よりも高いところを走っています。津波《つなみ》の被害《ひがい》を小さくするために、土盛《ども》りをした高い築堤《ちくてい》に、線路《せんろ》やホームを作ってあるのです。ですから、三陸鉄道《さんりくてつどう》の駅《えき》は、避難所《ひなんじょ》にも指定《してい》されています」

綾里《りょうり》小学校の子どもたちも、綾里駅《りょうりえき》を目指《めざ》して避難《ひなん》しました。熊谷《くまがい》さんのガイドを聞いて、多くの人の命《いのち》を救《すく》った三陸鉄道《さんりくてつどう》の線路《せんろ》と駅舎《えきしゃ》が、たのもしく思えました。

「第《だい》2の防潮堤《ぼうちょうてい》」の役割《やくわり》を果《は》たす三陸鉄道《さんりくてつどう》

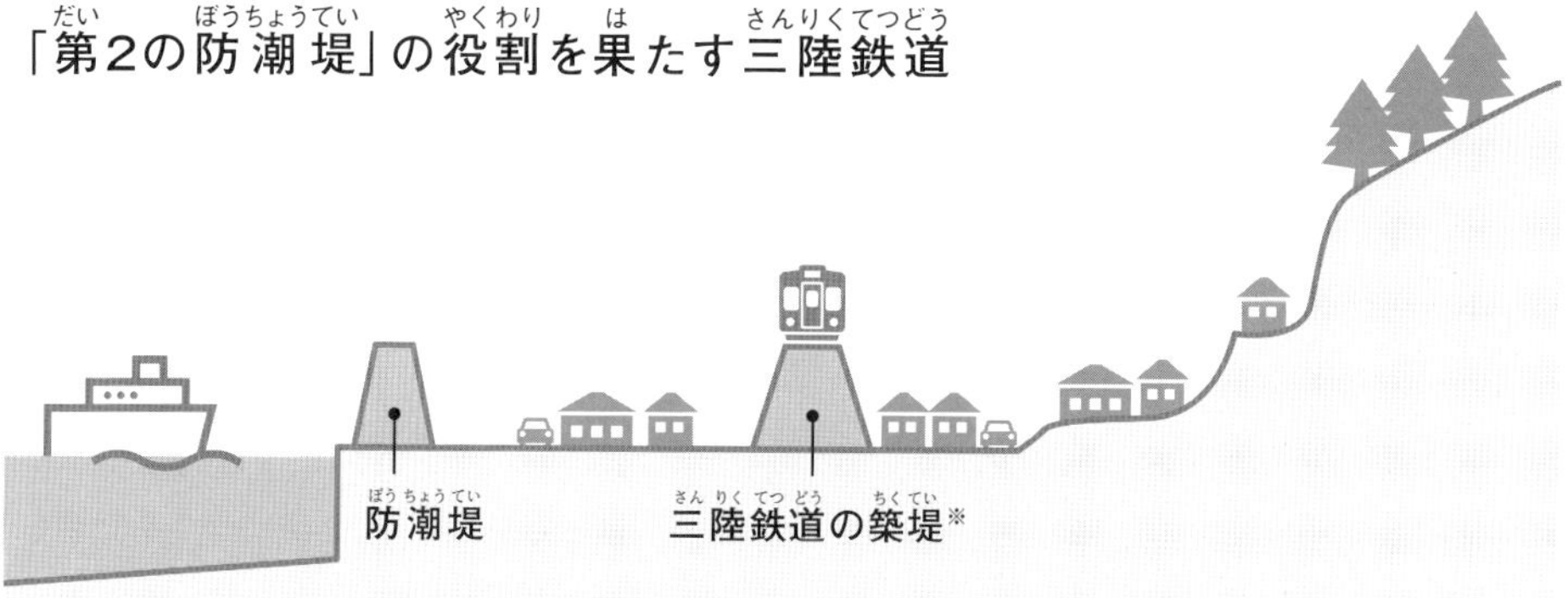

※周囲《しゅうい》より高く作られた線路《せんろ》の土台を築堤《ちくてい》と言《い》う

まもなく、列車《れっしゃ》は三陸駅《さんりくえき》に近づき、沿岸部《えんがんぶ》が見えてきました。クレーンが何台もならび、こわれた防潮堤《ぼうちょうてい》の復旧工事《ふっきゅうこうじ》をしているのが見おろせます。

列車《れっしゃ》が三陸駅《さんりくえき》に着《つ》くと、乗客《じょうきゃく》は全員《ぜんいん》、ホームにおりたちました。

ここ三陸町《さんりくちょう》越喜来地区《おきらいちく》は、大船渡市《おおふなとし》の中でも、被害《ひがい》の大きかった場所《ばしょ》です。湾《わん》のおくまで津波《つなみ》が入りこんでしまったためです。

午後二時四十六分。三年前に、大震災《だいしんさい》が発生《はっせい》した時刻《じこく》になりました。

ウオーン……。

サイレンの音が鳴りひびきました。

乗客全員《じょうきゃくぜんいん》が、海に向《む》かって黙《もく》とうをささげます。

サイレンの音が、犠牲《ぎせい》になられた方がた、そして被災《ひさい》された方がたへ語りかけるように、静《しず》かな湾内《わんない》にひびきわたっていきます。

この日、この瞬間《しゅんかん》、日本中のあらゆる場所《ばしょ》で、被災地《ひさいち》への祈《いの》りがささげられていることに、思いをはせずにはいられませんでした。

午後2時46分。震災学習列車《しんさいがくしゅうれっしゃ》の乗客《じょうきゃく》たちは、三陸駅《さんりくえき》のホームから黙《もく》とうをささげた

黙《もく》とうを終《お》えた乗客《じょうきゃく》がふたたび乗《の》りこむと、震災《しんさい》学習《がくしゅう》列車《れっしゃ》は終着点《しゅうちゃくてん》の吉浜駅《よしはまえき》に向《む》かって走りだしました。

車窓《しゃそう》からは、山の上のほうに重機《じゅうき》が入り、木を切っているのが見えます。学校や住居《じゅうきょ》を高台に移転《いてん》するために、土地を造成《ぞうせい》しているところだそうです。

震災《しんさい》学習《がくしゅう》列車《れっしゃ》からは、被害《ひがい》のようすだけでなく、復興《ふっこう》していく被災地《ひさいち》のすがたも見ることができるのです。

新しく造成《ぞうせい》された土地に、被災地《ひさいち》の復興《ふっこう》が感《かん》じられる

ふたたびトンネルをぬけ、列車《れっしゃ》は吉浜地区《よしはまちく》に入っていきました。

「吉浜地区《よしはまちく》は、〝奇跡《きせき》の集落《しゅうらく》〟と言われています」

熊谷《くまがい》さんは、その理由《りゆう》を教えてくれました。

かつて吉浜地区《よしはまちく》も、明治《めいじ》、昭和《しょうわ》の大津波《おおつなみ》で、くり返《かえ》し大きな被害《ひがい》を受《う》けてきました。「津波《つなみ》は必《かなら》ずまた来る」と考えた当時の村長さんは、住民《じゅうみん》の住《す》まいを高台に移転《いてん》させるため、「ここのラインより下に家を建《た》ててはいけない」という、とり決《き》めをしたのです。住民《じゅうみん》はとり決《き》めを守《まも》り、低《ひく》い土地は田んぼや畑《はたけ》に使《つか》い、家を建《た》てませんでした。そのおかげで、吉浜地区《よしはまちく》は被害《ひがい》が非常《ひじょう》に少なかったのです。

列車《れっしゃ》からは、かつての村長さんが決《き》めたラインが、海抜《かいばつ》二十メートルを走る県道《けんどう》として、いまも残《のこ》っているのを見ることができます。

昔《むかし》からの教訓《きょうくん》を伝《つた》え守《まも》ることで、多くの命《いのち》が救《すく》われたことに、乗客《じょうきゃく》たちも感心《かんしん》したようにうなずいていました。

盛駅《さかりえき》を出てから約《やく》五十分後、震災学習列車《しんさいがくしゅうれっしゃ》は、この日の終着点《しゅうちゃくてん》の吉浜駅《よしはまえき》に到着《とうちゃく》しました。

「わたしが震災学習列車《しんさいがくしゅうれっしゃ》のガイドとして、何よりもお伝《つた》えしたいのは、日ごろから防災意識《ぼうさいいしき》を高めておくことの大切さです。わたしたちは、その大切さを、自分の身《み》をもって感《かん》じました。みなさんがここで見たことや、感《かん》じたことを、わすれないでいてくださることを願《ねが》っています。

短《みじか》い時間でしたが、ありがとうございました」

ガイドを終《お》えた熊谷《くまがい》さんが深《ふか》ぶかとおじぎをすると、乗客《じょうきゃく》から拍手《はくしゅ》がおくられました。

熊谷《くまがい》さんがホームに立ち、乗客《じょうきゃく》を見送《みおく》っていたときのことです。

うすい灰色《はいいろ》の雲におおわれた空から、さあっと白い花びらを散《ち》らしたように小雪がまい落《お》ちてきました。

「ああ、雪だ。三年前の震災《しんさい》の日と、同じ空だなあ……」

熊谷《くまがい》さんは、雪の落《お》ちてくる空を見あげると、切なそうにつぶやきました。
東日本大震災《ひがしにほんだいしんさい》の日、三陸鉄道《さんりくてつどう》では何が起《お》きたのでしょうか。
そして三陸鉄道《さんりくてつどう》は、なぜ震災学習列車《しんさいがくしゅうれっしゃ》を走らせることにしたのでしょうか。

3年前のあの日と同じように、雪がまい落《お》ちた

第《だい》2章《しょう》　三《さん》鉄《てつ》は、おらが鉄《てつ》道《どう》

三陸鉄道《さんりくてつどう》の歴史《れきし》は、一八九六年、明治時代《めいじじだい》の「三陸鉄道株式会社創立申請書《さんりくてつどうかぶしきがいしゃそうりつしんせいしょ》」にはじまります。

この年は、明治三陸大津波《めいじさんりくおおつなみ》が起《お》きた年です。岩手県沿岸部《いわてけんえんがんぶ》では、一万八千人をこえる人が犠牲《ぎせい》になりました。

「被災地《ひさいち》の復興《ふっこう》を後おしするためにも、岩手県沿岸部《いわてけんえんがんぶ》に鉄道《てつどう》を作ろう」

と、建設《けんせつ》の要望書《ようぼうしょ》が国に出されたのです。しかし資金不足《しきんぶそく》を理由《りゆう》に、その願《ねが》いは聞きとどけられませんでした。

その三十七年後、一九三三年に昭和三陸津波《しょうわさんりくつなみ》が発生《はっせい》。岩手県沿岸部《いわてけんえんがんぶ》では千七百人近い人が犠牲《ぎせい》となりました。食べものや薬《くすり》など、支援物資《しえんぶっし》がなかなか

とどかず、被災《ひさい》した人びとはとてもつらい思いをしました。鉄道《てつどう》もなく、曲《ま》がりくねったけわしい山道が続《つづ》くため、当時の岩手県沿岸部《いわてけんえんがんぶ》は〝陸《りく》の孤島《ことう》〟とよばれていたのです。

「住民《じゅうみん》の命《いのち》を守《まも》るために、どうか、鉄道《てつどう》を通してください！」

「お願《ねが》いします！　何としても、鉄道《てつどう》がほしいんです」

地域《ちいき》の人たちは、くり返《かえ》し、何十回も要望《ようぼう》を出し続《つづ》けました。

実際《じっさい》に鉄道建設工事《てつどうけんせつこうじ》がはじまったのは、一九六六年。はじめて要望書《ようぼうしょ》が出されてから、じつに七十年ものときがすぎていました。

けれども、けわしい地形に線路《せんろ》を通す工事《こうじ》は、お金もかかるうえに、大変《たいへん》な難工事《なんこうじ》です。

「線路《せんろ》を通すために使《つか》うなら、うちの土地を差《さ》しあげてもおしくはありません。どうぞ役立《やくだ》ててください」

地域《ちいき》の人たちはそう言って、先祖《せんぞ》から受《う》けついだ大切な土地も、喜《よろこ》んで提《てい》供《きょう》しました。

さらに、多くの人が作業員《さぎょういん》として、スコップを手に線路《せんろ》の敷石《しきいし》をしくなどの重労働《じゅうろうどう》に加《くわ》わりました。

一九七〇年、ついに盛《さかり》―綾里《りょうり》間が、国鉄《こくてつ》「盛線《さかりせん》」として開業《かいぎょう》。

「バンザイ！　バンザイ！」

「ゆめじゃない、ほんとうに列車《れっしゃ》が走っているぞ！」

駅《えき》も線路《せんろ》ぞいの道路《どうろ》も、お祝《いわ》いの旗《はた》をふる人びとであふれました。中には、感激《かんげき》のなみだを流《なが》す人もいました。

「お～い！　お～い！」

地域《ちいき》の人たちは、列車《れっしゃ》が走るのを見るだけで、うれしさがこみあげました。畑《はたけ》にいても家にいても、列車《れっしゃ》に向《む》かって手をふらずにいられませんでした。

岩手県沿岸部《いわてけんえんがんぶ》を走る鉄道《てつどう》は、まさに、自分たちのゆめを乗《の》せて走る「おらが鉄道《てつどう》」だったのです。

その後も、線路《せんろ》の延長工事《えんちょうこうじ》が進《すす》み、列車《れっしゃ》が走る区間《くかん》は少しずつ長くなっていきました。

（もう少しで、岩手県《いわてけん》の沿岸部《えんがんぶ》をひとつに結《むす》ぶ鉄道《てつどう》ができそうだ）

しかし、期待《きたい》をふくらませる人たちのあいだに、大きな衝撃《しょうげき》が走りました。

一九八〇年、国鉄《こくてつ》が、赤字の続《つづ》く岩手県沿岸部《いわてけんえんがんぶ》の路線《ろせん》を廃止《はいし》することを決《き》めたからです。

「やっと手にした鉄道《てつどう》なのに……。廃止《はいし》になるなんて、そんなばかな！　何としても、鉄道《てつどう》を守《まも》りぬくぞ」

地域《ちいき》の人たちの強い願《ねが》いは、ついに行政《ぎょうせい》を動《うご》かしました。岩手県《いわてけん》と沿線《えんせん》市町村が協力《きょうりょく》して、第三《だいさん》セクター「三陸鉄道株式会社《さんりくてつどうかぶしきがいしゃ》」を設立《せつりつ》することが決《き》まったのです。

第三《だいさん》セクターとは、国や地方自治体《じちたい》と民間が合同で出資《しゅっし》・経営《けいえい》する企業《きぎょう》のことです。利益《りえき》の追求《ついきゅう》よりも、地域《ちいき》の人たちのためになることを第一《だいいち》の目的《もくてき》として運営《うんえい》されます。

三陸鉄道《さんりくてつどう》は開業《かいぎょう》するにあたり、国鉄時代《こくてつじだい》には開通《かいつう》していなかった普代《ふだい》—田老《たろう》間、釜石《かまいし》—吉浜《よしはま》間にも、線路《せんろ》を作ることを決《き》めました。

一九八四年四月一日。ついに三陸鉄道《さんりくてつどう》は、北リアス線と南リアス線のふたつの路線《ろせん》からなる、全長《ぜんちょう》百七キロメートルにおよぶ鉄道として、開業《かいぎょう》しました。

三陸鉄道《さんりくてつどう》の列車《れっしゃ》が走りだしたこの日、駅舎《えきしゃ》も線路《せんろ》ぞいの道も、ふたたび、お祝《いわ》いの旗《はた》と喜《よろこ》びの声で

1984年4月1日、北リアス線宮古駅《みやこえき》で、三陸鉄道《さんりくてつどう》の開業《かいぎょう》を祝《いわ》う人びと

あふれました。

地域の人は三陸鉄道《さんりくてつどう》を、親しみをこめて〝三鉄《さんてつ》〟とよびました。

「ありがとう！　三鉄《さんてつ》がゆめをつないでくれた！　もう、陸《りく》の孤島《ことう》とよばれることはないぞ！」

そのころ、三陸鉄道株式会社《さんりくてつどうかぶしきがいしゃ》に入社した社員《しゃいん》のひとりが、北リアス線運行部《うんこうぶ》に所属《しょぞく》する、二橋守《にはしまもる》さんです。

二橋《にはし》さんは、久慈《くじ》市《し》の山間部《さんかんぶ》で生まれました。二戸市《にのへし》の高校に進学《しんがく》すると、ほかの友人たちと同じように、親元をはなれて下宿《げしゅく》生活をしました。列車《れっしゃ》やバスなどの交通の便《べん》が悪《わる》かったからです。

高校を卒業《そつぎょう》するとき、二橋《にはし》さんは進路《しんろ》について考えました。

（一度《いちど》、東京に行って、世《よ》の中の中心が見てみたい）

そこで、東京の学校に進《すす》むと、そのまま東京で就職《しゅうしょく》しました。

そんなある日、久慈《くじ》に住《す》むお母さんから連絡《れんらく》がありました。

「地元に帰っておいで。三陸鉄道《さんりくてつどう》で社員《しゃいん》を募集《ぼしゅう》しているから」

（へえ……、三陸鉄道《さんりくてつどう》か。東京のくらしも満喫《まんきつ》したし、そろそろ、田舎《いなか》に帰ろうかな）

久慈《くじ》にもどった二橋《にはし》さんは、試《し》験《けん》を受《う》けて、無事《ぶじ》、三陸鉄道株式《さんりくてつどうかぶしき》会社《がいしゃ》に入社しました。三陸鉄道《さんりくてつどう》は地元にとって、なくてはならない交通機関《きかん》であると同時に、貴重《きちょう》な雇用《こよう》を生む企業《きぎょう》でもありました。

三陸鉄道《さんりくてつどう》とともに歩んできた二橋《にはし》さん

開業《かいぎょう》したばかりの三陸鉄道《さんりくてつどう》は、たくさんの乗客《じょうきゃく》でにぎわっていました。

地元の人たちは、病院《びょういん》へ行くにも、買いものへ行くにも便利《べんり》になりました。高校生も、親元をはなれて下宿《げしゅく》でさびしい思いをすることなく、自分の家から学校へ通えるようになりました。

二橋《にはし》さんたち社員《しゃいん》は、かぎられた人数で、いろいろな仕事《しごと》をこなしました。二橋《にはし》さんも、駅係《えきがかり》、車掌《しゃしょう》、駅長《えきちょう》など、さまざまな仕事《しごと》を体験《たいけん》しました。

駅係《えきがかり》をしていたころ、窓口《まどぐち》で切符《きっぷ》を販売《はんばい》していた二橋《にはし》さんは、何度《なんど》もうれしい経験《けいけん》をしました。

「ほれ、二橋《にはし》さん、これ食って」

お年よりが、駅《えき》の窓口《まどぐち》で、チョコレートやアメ玉を差《さ》し入れてくれるのです。

「わあ、いつも、すみませんねえ」

温《あたた》かな気づかいに、心がほっこりします。

（あのおばあちゃんは、いつも午前中に病院《びょういん》へ行って、帰りはスーパーのふく

ろをさげてくるんだべな。あれ？　毎週火曜日に乗《の》るおじいちゃん、今日はすがたが見えねけど、どうしたんだがな）

いつしか、お客《きゃく》さんが、いつどこへ行くかもわかるようになりました。

車掌《しゃしょう》となってからも、二橋《にはし》さんは、三陸鉄道《さんりくてつどう》ならではの心温《こころあたた》まる体験《たいけん》をしました。

雨や雪で列車《れっしゃ》がおくれ、腕時計《うでどけい》を見ながらハラハラしていたとき。

（こんなにおくれてしまって、お客《きゃく》さん、おこってるんでないかな）

けれども、地元の乗客《じょうきゃく》たちは、だれももんくを言いません。それどころか、おりるときには、いつもと変《か》わらずに声をかけていってくれるのです。

「大変《たいへん》だったね、ありがとうござんした」

「そんな……。こちらこそ、ありがとうござんした」

二橋《にはし》さんは、深《ふか》く頭をさげながら、お客《きゃく》さんのやさしさに心の中で何度《なんど》もお礼《れい》を言いました。

列車《れっしゃ》を発車《はっしゃ》させるときには、二橋《にはし》さんはホームの上だけでなく、必《かなら》ず駅《えき》の周辺《しゅうへん》まで目を配《くば》りました。三陸鉄道《さんりくてつどう》の駅《えき》は高いところに作られているので、遠くまで見わたすことができます。

ときどき、お年よりが「待《ま》ってちょうだ～い！」と、手をふりながら走ってくるのが見えます。

「あ、いつものおばあちゃんだ」

そんなときは、数分なら待《ま》つことに決《き》めています。

「もう、走らねくていいから～、ゆっくり来てごあんせ～！」

一分一秒《びょう》を争《あらそ》うようにして走る都会《とかい》の電車では、考えられないことかもしれません。けれども、三陸鉄道《さんりくてつどう》ではあたりまえのことでした。

三陸鉄道《さんりくてつどう》の列車《れっしゃ》がにぎわうのは、朝と夕方の通学時間です。

列車《れっしゃ》の中は、高校生でいっぱいになります。車掌《しゃしょう》として、列車《れっしゃ》の中で毎日のように顔をあわせているうちに、高校生とも仲《なか》よくなっていきました。

おだやかな港町《みなとまち》に、三陸鉄道《さんりくてつどう》の列車《れっしゃ》が停《と》まる（北リアス線　堀内駅《ほりないえき》）。
道を走ってくる人がいれば、ホームからも見える

「こんちは！　二橋《にはし》さん」

高校生たちは、二橋《にはし》さんに、友だちのように声をかけてきます。

「おいおい、あんまり列車《れっしゃ》の中でさわぐなよ」

「ちゃんと勉強《べんきょう》すんだぞ」

二橋《にはし》さんも、高校生たちに目を配《くば》り、声をかけていきました。

（やっぱり、三鉄《さんてつ》は地域《ちいき》の人たちにとって、なくてはならない、「おらが鉄道《てつどう》」なんだな）

二橋《にはし》さんは、地域《ちいき》の人たちとふれあう中で、三陸鉄道《さんりくてつどう》と地域《ちいき》の人のあいだに結《むす》ばれたきずなを、ひしひしと感《かん》じてきたのです。

けれども、開業《かいぎょう》から十年の月日がたつうちに、三陸鉄道《さんりくてつどう》をとりまく状況《じょうきょう》は、少しずつ変《か》わっていきました。

わかい人たちが都会《とかい》に働《はたら》きにいくようになり、地域《ちいき》の人口がへっていったのです。

車を持《も》つ人がふえ、三陸鉄道《さんりくてつどう》を利用《りよう》する乗客《じょうきゃく》はへりました。それにしたがい、三陸鉄道《さんりくてつどう》の収入《しゅうにゅう》が減少《げんしょう》し、苦《くる》しい赤字経営《けいえい》が続《つづ》くようになりました。

やがて、二橋《にはし》さんは、旅行業務《りょこうぎょうむ》を担当《たんとう》するようになりました。

二橋《にはし》さんは、三陸鉄道《さんりくてつどう》の経営《けいえい》を何とか立て直そうと、知恵《ちえ》をしぼりました。

はじめのころは、地元の人や修学旅行生《しゅうがくりょこうせい》を、東京や関西《かんさい》へ連《つ》れていく旅行《りょこう》プランしかありませんでした。

そんな中、あるアイデアを思いつき

二橋《にはし》さんは地元の漁師《りょうし》などとも交流《こうりゅう》を深《ふか》めて、
地元のよさを知ってもらおうと企画《きかく》をねってきた

ました。

（待《ま》てよ。こちらがほかの地域《ちいき》に行くだけじゃなく、いっそのこと、ほかの地《ち》域《いき》から、こちらに来てもらうのはどうだろう）

アイデアをふくらませ、宮古《みやこ》の毛ガニ祭《まつ》りなど、地域《ちいき》のイベントにあわせて特別列車《とくべつれっしゃ》を走らせたり、地元の人といっしょに漁業体験《ぎょぎょうたいけん》をした後に民家《みんか》にホームステイをしてもらうなどの、体験型《たいけんがた》の旅行《りょこう》を企画《きかく》するようになりました。

二橋《にはし》さんが、体験型《たいけんがた》の旅行《りょこう》をさらに発展《はってん》させようととり組みはじめた、矢先のこと――。

あの大地震《だいじしん》が起《お》きたのです。

第《だい》3章《しょう》　東《ひがし》日《に》本《ほん》大《だい》震《しん》災《さい》

二〇一一年三月十一日。

岩手県沿岸部《いわてけんえんがんぶ》は、雪がまい落《お》ちる寒《さむ》い日でした。

午後二時四十六分、三陸沖《さんりくおき》を震源《しんげん》とするマグニチュード九・〇の大地震《だいじしん》が発生《はっせい》しました。

そのとき北リアス線では、宮古《みやこ》行きの列車《れっしゃ》が、十五人の乗客《じょうきゃく》を乗《の》せて、白井海岸駅《しらいかいがんえき》を出発《しゅっぱつ》したところでした。

トンネルを走っていると、とつぜん運転席《うんてんせき》に、久慈《くじ》の運行部《うんこうぶ》から「止まれ！止まれ！」という無線《むせん》が入りました。運転士《うんてんし》が急《きゅう》ブレーキをかけると、列車《れっしゃ》は速度《そくど》を落《お》とし、トンネルをぬけた山の中で止まりました。

（列車《れっしゃ》がゆれている……。地震《じしん》が起《お》きたんだ！）

列車《れっしゃ》の運転中《うんてんちゅう》には、それほど地震《じしん》のゆれを強く感《かん》じません。速度《そくど》を落《お》とすにつれて、ゆれを感《かん》じはじめましたが、どのぐらいの大きさの地震《じしん》なのか、この時点では何もわかりませんでした。

「こちらは乗客《じょうきゃく》十五名、全員無事《ぜんいんぶじ》です」

運転士《うんてんし》は、運行部《うんこうぶ》に停車場所《ていしゃばしょ》と乗客《じょうきゃく》の安全《あんぜん》を連絡《れんらく》しました。けれども、返《かえ》ってきた返事《へんじ》に「え？」と耳をうたがいました。

「大津波警報《おおつなみけいほう》が発令《はつれい》になりました。こちらは全員避難《ぜんいんひなん》しますが、列車《れっしゃ》は安全《あんぜん》な場所《ばしょ》にあるので、そのまま動《うご》かずに待《ま》ってください」

「り、了解《りょうかい》です……」

（大津波警報《おおつなみけいほう》だって？　これは、とてつもなく大きな地震《じしん》が起《お》きたらしいぞ。まずは、乗客《じょうきゃく》を安心《あんしん》させなくては）

とつぜんの急停止《きゅうていし》に、乗客《じょうきゃく》たちはいったい何《なに》が起《お》きたのかと不安《ふあん》そうな表情《ひょうじょう》です。

運転士《うんてんし》は、必死《ひっし》に笑顔《えがお》を作りながら、地震《じしん》が発生《はっせい》して大津波警報《おおつなみけいほう》が出たこと、しかし列車《れっしゃ》は安全《あんぜん》な場所《ばしょ》にあるので、列車内《れっしゃない》で救助《きゅうじょ》を待《ま》つことを伝《つた》えました。

すると、乗客《じょうきゃく》はパニックになることもなく、落《お》ち着《つ》いて聞いてくれました。

その後、運転士《うんてんし》は運行部《うんこうぶ》に連絡《れんらく》をとろうとしましたが、いっこうにつながりません。地震発生《じしんはっせい》から約《やく》三十分後におしよせた津波《つなみ》で、連絡用《れんらくよう》の通信《つうしん》ケーブルが切れてしまったからです。

幸《さいわ》い三陸鉄道《さんりくてつどう》の列車《れっしゃ》は、電気で走る電車ではなく、軽油《けいゆ》を燃料《ねんりょう》に走るディーゼル車でした。そのおかげで、あたり一帯《いったい》が停電《ていでん》していたにもかかわらず、列車《れっしゃ》の中では、ディーゼルエンジンを動《うご》かして、明かりや暖房《だんぼう》を使《つか》うことができました。車内には飲《の》みものの自動販売機《じどうはんばいき》や、トイレもありました。

列車《れっしゃ》が止まったばかりの時点では、乗《の》りあわせた高校生たちがいつも通りにおしゃべりをしたりして、ほかの乗客《じょうきゃく》たちも気持《きも》ちをまぎらわすことができました。けれども、たびたび強い余震《よしん》があり、列車《れっしゃ》はギシギシとゆれます。携《けい》帯《たい》電話も使《つか》えず、何の情報《じょうほう》もない中で、あたりが暗《くら》くなってくると、車内には重苦《おもくる》しい空気が流《なが》れはじめました。

（助《たす》けは来るんだろうか。これから、どうなってしまうんだろう……）

だれもが、不安《ふあん》におしつぶされそうになった、そのときです。

「あ！　明かりだ。助《たす》けが来てくれたぞ！」

線路《せんろ》の上を、懐中電灯《かいちゅうでんとう》の明かりが近づいてくるのが見えました。運行部《うんこうぶ》からの連絡《れんらく》を受《う》けた普代村《ふだいむら》の消防団《しょうぼうだん》の人たちが、乗客《じょうきゃく》たちを助《たす》けにきてくれたのです。

いっぽう、南リアス線では、釜石《かまいし》行きの列車《れっしゃ》が、三・九キロメートルもある長いトンネルの中を走っていました。ドドドドド……という大きなゆれと同時に、盛《さかり》の運行部《うんこうぶ》から「止まれ！」と停止命令《ていしめいれい》が入りました。

運転士《うんてんし》は必死《ひっし》で操縦《そうじゅう》かんをにぎり、ブレーキをかけました。

キィー、キキキー!!

悲鳴《ひめい》のような音を立てながら、どうにか列車《れっしゃ》は停止《ていし》しました。ほっとしたのもつかの間、震源地《しんげんち》に近い南リアス線では、はげしい余震《よしん》が列車《れっしゃ》をおそいました。列車《れっしゃ》の中では、立っているのもやっとです。

(こ、これは、とんでもない地震《じしん》だぞ!)

運転士《うんてんし》も乗客《じょうきゃく》も、地震《じしん》のすさまじさを体で感《かん》じていました。まもなく、運行部《うんこうぶ》からは、ザーザーという雑音《ざつおん》とともに、連絡《れんらく》が入りました。

とつぜん、運転席《うんてんせき》に停止命令《ていしめいれい》が入った

「いま、大きな地震《じしん》がありました。現在地《げんざいち》はどこですか？」

「鍬台《くわだい》トンネルの中に停車中《ていしゃちゅう》です」

運転士《うんてんし》がふるえる手でマイクを持《も》ち、停止位置《ていしいち》を知らせると、雑音《ざつおん》まじりで運行部《うんこうぶ》からの連絡《れんらく》が返《かえ》ってきました。

「こちらから指示《しじ》を出しますので、そこで待《ま》っていてください」

（列車《れっしゃ》が停《と》まっている場所《ばしょ》は、標高《ひょうこう》が高い。それに、トンネルなら安全《あんぜん》な構造《こうぞう》になっているから、中がくずれる心配《しんぱい》はないだろう）

盛《さかり》の運行部《うんこうぶ》は、そう判断《はんだん》したのです。

実際《じっさい》、もし列車《れっしゃ》がそのまま走っていたら、おそろしいことが待《ま》っていたにちがいありません。トンネルを出てすぐの場所《ばしょ》にあった橋《はし》は、川をさかのぼってきた津波《つなみ》におし流《なが》されてしまったからです。

運転士《うんてんし》とふたりの乗客《じょうきゃく》を乗《の》せた列車《れっしゃ》は、トンネルの暗《くら》やみの中にとり残《のこ》されたままとなりました。運転士《うんてんし》は、何とか運行部《うんこうぶ》に連絡《れんらく》をとろうとします。

「運行部《うんこうぶ》、応答願《おうとうねが》います！　応答願《おうとうねが》います！」

何度《なんど》よびかけても、返《かえ》ってくるのは雑音《ざつおん》だけです。運行部《うんこうぶ》との連絡《れんらく》がとだえたまま、二時間以上《いじょう》がすぎていきました。

ひっきりなしにおしよせる余震《よしん》で列車《れっしゃ》はゆれ続《つづ》け、地鳴りの音がひびくトンネルの中で、運転士《うんてんし》も乗客《じょうきゃく》も、おそろしさにふるえました。

（運転士《うんてんし》は、運転席《うんてんせき》をはなれてはいけない規則《きそく》になっている。でも、このまま待《ま》ち続《つづ》けるのは、もう限界《げんかい》だ。自力で何とかしなければ……）

運転士《うんてんし》はそう決心《けっしん》すると、けんめいに笑顔《えがお》を作って言いました。

「わたしが、いまから外のようすを確認《かくにん》してきますので、おふたりはここで、動《うご》かずに待《ま》っていてください」

運転士《うんてんし》が列車《れっしゃ》の外に出ると、暗《くら》やみの先に、トンネルの出口がぽつりと、小さな光になって見えました。運転士《うんてんし》は、出口が近い吉浜駅《よしはまえき》の方向《ほうこう》に歩きだしました。

トンネルの出口まで、一・五キロメートルもの長い道のりでした。暗《くら》やみに足をとられて転《ころ》んだりしながら、むがむちゅうで歩いて、およそ三十分後。運転士《うんてんし》はようやくトンネルの外に出ました。

外は寒《さむ》く、雪がちらついています。運転士《うんてんし》は、近くにあった民宿《みんしゅく》をたずねて、どんな状況《じょうきょう》になっているのか聞きました。

そして、民宿《みんしゅく》の人から、大きな地震《じしん》が起《お》こり、大津波《おおつなみ》が沿岸部《えんがんぶ》をおそったことを知らされたのです。

運転士《うんてんし》は列車《れっしゃ》までひき返《かえ》すと、乗客《じょうきゃく》といっしょに、ふたたびトンネルの中を歩きはじめました。懐中電灯《かいちゅうでんとう》の明かりだけがたよりです。

「だいじょうぶ、外はもうすぐですよ。ゆっくり行きましょう！」

運転士《うんてんし》は明るい声と笑顔《えがお》で、乗客《じょうきゃく》をはげまし続《つづ》けました。

そして、トンネルを出ると、近くを通りかかった車に乗《の》せてもらい、無事《ぶじ》にふたりを大船渡市《おおふなとし》の避難所《ひなんじょ》まで送《おく》りとどけることができたのです。

三陸鉄道本社《さんりくてつどう》のある宮古市《みやこし》では、大津波警報《おおつなみけいほう》が出たため、社員《しゃいん》はいったん、近くの橋《はし》の上まで避難《ひなん》しました。

津波《つなみ》は、宮古市《みやこし》の商店街《しょうてんがい》におしよせました。本社の建物《たてもの》は浸水《しんすい》せずにすみましたが、地震《じしん》直後から停電《ていでん》し、携帯電話《けいたいでんわ》も通じません。

（いったい、どうやって情報《じょうほう》を集《あつ》めたらいいんだ……）

望月正彦《もちづきまさひこ》社長は、頭をかかえました。

（そうだ、うちの列車《れっしゃ》なら電気も使《つか》えるはずだ！）

宮古駅《みやこえき》のホームには、三時七分に久慈駅《くじえき》に向《む》けて出発《しゅっぱつ》するはずだった列車《れっしゃ》が、残《のこ》っていたのです。ここでもディーゼル車だったことが幸《さいわ》いしました。

すぐに、車両《しゃりょう》自体を「災害対策本部《さいがいたいさくほんぶ》」として、災害優先携帯電話《さいがいゆうせんけいたいでんわ》で連絡《れんらく》をとりはじめました。

その日の夜おそくになって、やっと南リアス線と北リアス線、両方《りょうほう》の運転士《うんてんし》と乗客《じょうきゃく》全員《ぜんいん》の無事《ぶじ》を確認《かくにん》することができました。

車両内《しゃりょうない》に作られた「災害対策本部《さいがいたいさくほんぶ》」。左はしが望月正彦《もちづきまさひこ》・三陸鉄道《さんりくてつどう》社長

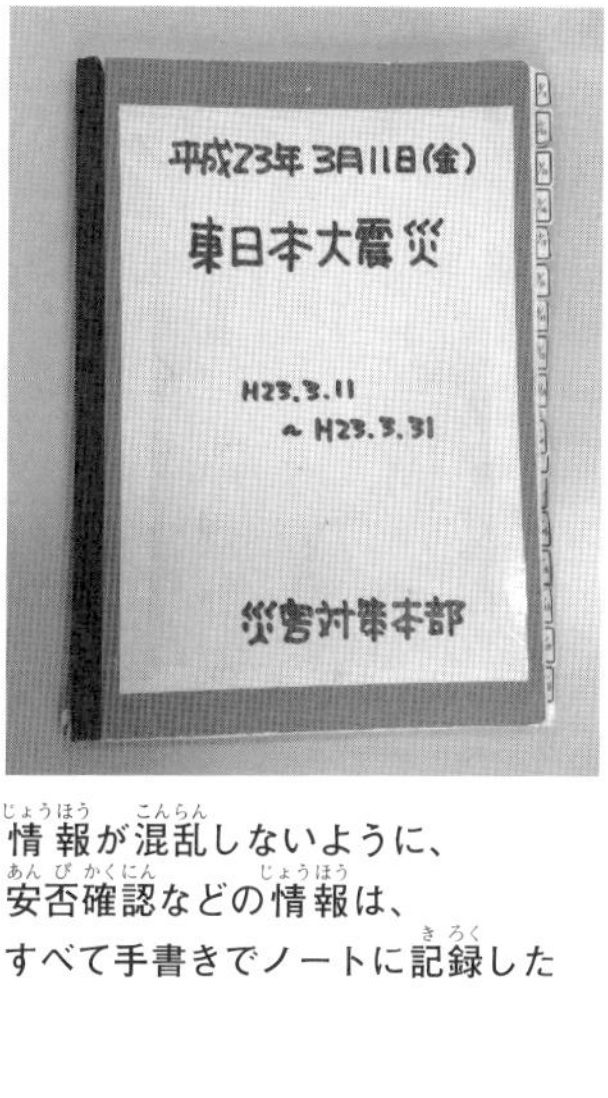

情報《じょうほう》が混乱《こんらん》しないように、
安否確認《あんぴかくにん》などの情報《じょうほう》は、
すべて手書きでノートに記録《きろく》した

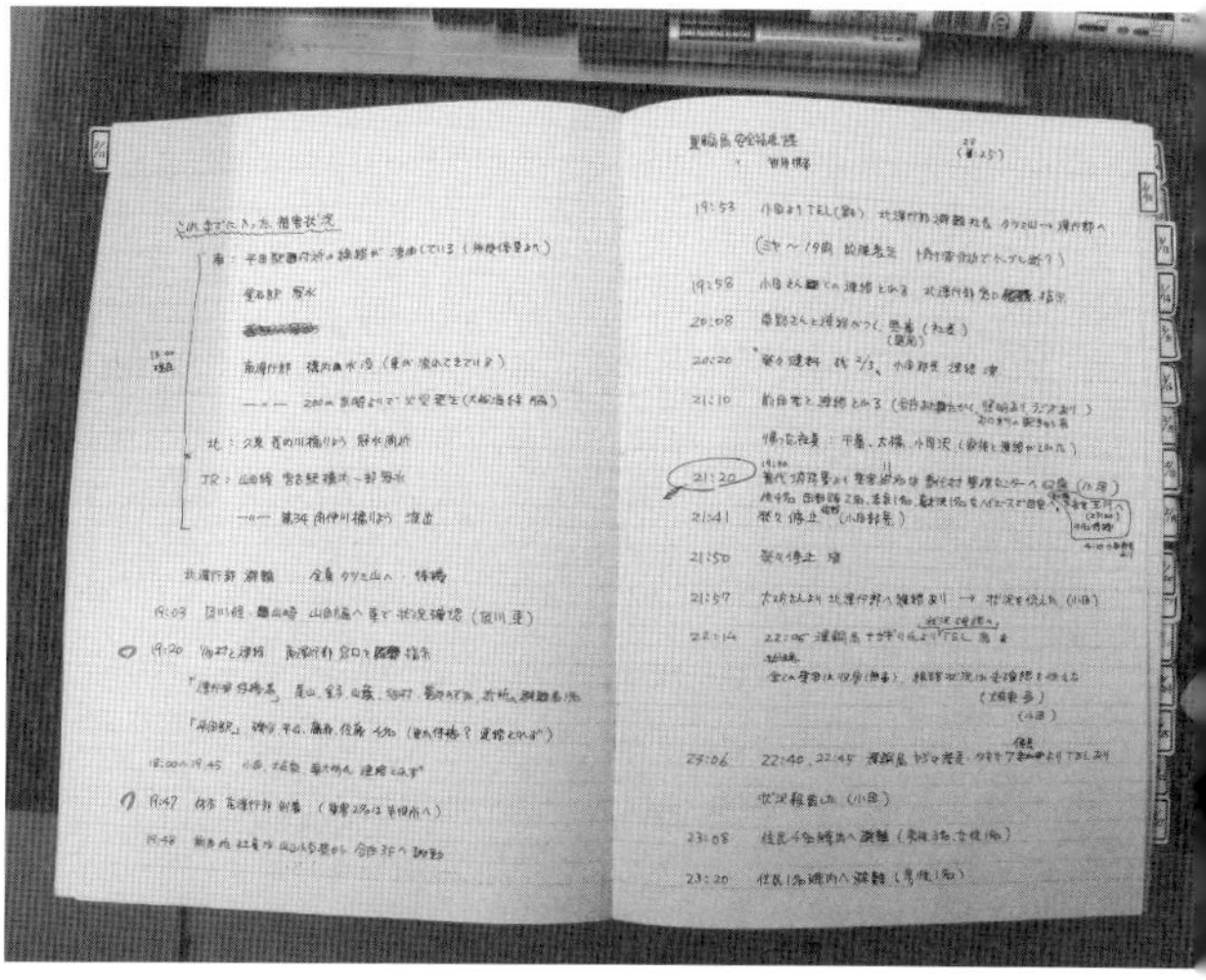

一夜明けると、被害《ひがい》の大きさが明らかになってきました。地震発生時《じしんはっせいじ》、久慈市《くじし》から大船渡市《おおふなとし》にかけての各地《かくち》の震度《しんど》は、震度《しんど》五弱から六弱でした。

岩手県沿岸部《いわてけんえんがんぶ》の集落《しゅうらく》は、想像《そうぞう》をこえる大津波《おおつなみ》の被害《ひがい》を受《う》け、多くの尊《とうと》い命《いのち》が犠牲《ぎせい》になってしまいました。

そして、三陸鉄道《さんりくてつどう》も、大変《たいへん》な被害《ひがい》を受《う》けていたのです。

北リアス線では、陸中野田《りくちゅうのだ》—野田玉川《のだたまがわ》間の線路《せんろ》が、津波《つなみ》で流《なが》されてしまいました。標高《ひょうこう》二十七メートルの高さにあった野田玉川駅《のだたまがわえき》ですら、津波《つなみ》が線路《せんろ》に到達《とうたつ》していました。

田野畑駅《たのはたえき》では、駅舎内《えきしゃない》まで浸水《しんすい》していました。

田老駅《たろうえき》近くでは、線路《せんろ》はがれきでおおわれ、流《なが》れてきた民家《みんか》の屋根《やね》が、線路《せんろ》の真上に乗《の》りあげているところもありました。

津波《つなみ》が線路《せんろ》をおし流《なが》した。築堤《ちくてい》だけが残《のこ》り、レールは数メートル横《よこ》に投《な》げだされている（陸中《りくちゅう》野田《のだ》―野田玉川《のだたまがわ》間）

北リアス線でもっとも被害《ひがい》が大きかったのは、島越駅《しまのこしえき》でした。

海のそばを走る高架橋《こうかきょう》は、津波《つなみ》にそなえて約《やく》十三メートルの高さで、がんじょうに作られたものでした。

しかし、今回の大津波《おおつなみ》は、その高架橋《こうかきょう》さえおし流《なが》し、あとかたもなくこわしてしまいました。

島越駅《しまのこしえき》の駅舎《えきしゃ》は、青いドーム型《がた》の屋根がとても美《うつく》しく、宮沢賢治《みやざわけんじ》の童話《どうわ》に登場《とうじょう》する火山島《かざんとう》の名前である「カルボナード」というニックネームで親しまれていました。

その駅舎《えきしゃ》もそっくり流《なが》されてしまい、あとには、宮沢賢治《みやざわけんじ》の詩《し》がきざまれた石碑《せきひ》と、駅《えき》に続《つづ》く階段《かいだん》の一部《いちぶ》が残《のこ》されただけ。

さらに、島越駅周辺《しまのこしえきしゅうへん》にあった約《やく》百二十戸の家もほとんどが流《なが》されてしまい、多くの犠牲者《ぎせいしゃ》が出たのです。

それは、あまりに悲《かな》しい光景《こうけい》でした。

震災前《しんさいまえ》の島越駅《しまのこしえき》。ドーム型《がた》の屋根《やね》が美《うつく》しい駅舎《えきしゃ》があった

駅舎《えきしゃ》も、高架橋《こうかきょう》も、周囲《しゅうい》にあった家も、すべてがおし流《なが》されてしまった

でした。
震源地《しんげんち》に近かった南リアス線の被害《ひがい》は、北リアス線よりもさらにひどいもの

釜石駅《かまいしえき》は津波《つなみ》で浸水《しんすい》。唐丹駅《とうにえき》も線路《せんろ》はがれきでおおわれ、三陸駅《さんりくえき》から甫嶺駅《ほれいえき》の区間《くかん》にいたっては、線路《せんろ》が流《なが》され築堤《ちくてい》までこわされてしまいました。盛駅《さかりえき》近くの南リアス線運行部《うんこうぶ》も浸水《しんすい》し、車両《しゃりょう》が使用不能《しようふのう》になりました。

無事《ぶじ》だったのは、標高《ひょうこう》が四十四メートルの恋し浜駅《こいしはまえき》、三十二・八メートルの綾里駅《りょうりえき》など、とくに高い位置《いち》に作られていた六つの駅《えき》だけでした。

むざんに引きちぎられ、ぐにゃりと曲《ま》がったレール。

車やがれきでおおわれた線路《せんろ》……。

「何だ、これは？　うそだろう？」

社員《しゃいん》たちは、変《か》わり果《は》てた光景《こうけい》を前に、ぼうぜんと立ちつくすしかありませんでした。

「ああ、すべてが終《お》わってしまった。もう、三鉄《さんてつ》はだめだ……」

先へ続《つづ》いていくはずのレールがめくれあがり、途切《とぎ》れている

けれども、線路《せんろ》のようすを自ら確認《かくにん》しにいった望月《もちづき》社長らは、ある光景《こうけい》に気づき、はっと目を見はりました。

「見ろ！　線路《せんろ》の上を、人が歩いているぞ！」

おどろいたことに、たくさんの人たちが、線路《せんろ》を通行路《つうこうろ》のようにして、歩いているではありませんか。

なぜ、人びとは、三陸鉄道《さんりくてつどう》の線路《せんろ》の上を、歩きはじめたのでしょうか。

第《だい》4章《しょう》　いっこくも早く、走らせよう！

被災《ひさい》した人の多くは、津波《つなみ》によって車を流《なが》されていました。たとえ車が残《のこ》っていても、ガソリンが不足《ふそく》しているため、いざというときにしか、使《つか》うことができません。また道路《どうろ》は海水やがれきでおおわれ、車が通ることはもちろん、人が歩くこともむずかしい状態《じょうたい》でした。

高い場所《ばしょ》を走っているうえに、沿岸《えんがん》に点々とある集落《しゅうらく》をつなぐ三陸鉄道《さんりくてつどう》の線路《せんろ》は、ゆいいつ残《のこ》された通行路《つうこうろ》になっていたのです。

（家族《かぞく》や親せきは無事《ぶじ》だろうか。友だちはどうしているだろうか。早く会いたい！　顔を見て、元気かどうか、たしかめたい！）

（きっと、食べるものにもこまっているにちがいない。待《ま》っていてくれ！　必《かなら》

線路《せんろ》の上を歩いていく人たち（2011年3月13日、田老駅付近《たろうえきふきん》）

ず、とどけにいくから……）

　人びとはそれぞれの思いを胸《むね》に、つかれた足を引きずりながら、三陸鉄道《さんりくてつどう》の線路《せんろ》の上を必死《ひっし》で歩いていました。

　お年よりから子どもまで、がれきをよけながら、暗《くら》いトンネルの中を懐中《かいちゅう》電灯《でんとう》で照《て》らしながら、ごつごつした線路《せんろ》の敷石《しきいし》の上を歩いているのです。

　そのようすを見た望月《もちづき》社長は、すぐに決断《けつだん》しました。

「落《お》ちこんでいるひまはないぞ。できるところから、いっこくも早く列車《れっしゃ》を走らせるんだ」

（そんな……。こんな状況《じょうきょう》で列車《れっしゃ》を動《うご》かすなんて）

　社員《しゃいん》たちは、耳をうたがいました。線路《せんろ》は寸断《すんだん》されており、通信《つうしん》がとだえ、余震《よしん》も続《つづ》いています。しかも社員《しゃいん》の中には、自分の家が流《なが》され、家族《かぞく》の安否《あんぴ》もわからず、絶望《ぜつぼう》に打《う》ちのめされている人もいたのです。

　けれども、望月《もちづき》社長の決意《けつい》はゆらぎませんでした。

「三鉄《さんてつ》が動《うご》くことを待《ま》ち望《のぞ》む人たちがいるんだ。一日でも早く動《うご》かすことが、沿線《えんせん》の方がたの希望《きぼう》につながる」

社員《しゃいん》たちの表情《ひょうじょう》が、ハッと変《か》わりました。

家族《かぞく》のようにやさしくしてくれたおばあちゃんやおじいちゃん、声をかけあってきた高校生たちの顔が、つぎつぎと頭の中にうかんできたのです。

（そうだ。何もやらないで、あきらめてはだめだ。いままでお世話《せわ》になってきたお客《きゃく》さんたちに申《もう》しわけない。いまこそ、三鉄《さんてつ》が恩返《おんがえ》しをするときなんだ）

社員《しゃいん》たちの体に、力がわいてきました。

「まず、線路《せんろ》に被害《ひがい》がなかった久慈《くじ》―陸中野田《りくちゅうのだ》間から走らせる。明後日、十六日に運行再開《うんこうさいかい》だ。続《つづ》いて二十日には、宮古《みやこ》―田老《たろう》間を再開《さいかい》する」

望月《もちづき》社長の明確《めいかく》な指示《しじ》は、社員《しゃいん》たちの心を、いっそうふるいたたせました。

「よし！　何としても、列車《れっしゃ》を走らせるぞ！」

社員《しゃいん》たちの心が、ひとつになりました。

社員《しゃいん》たちは、ねる間もおしんで、再開《さいかい》される区間《くかん》を点検《てんけん》していきました。

震災《しんさい》からわずか五日後の、三月十六日朝八時。

震災《しんさい》後初《ごはつ》となる列車《れっしゃ》が、久慈駅《くじえき》を出発《しゅっぱつ》しました。

列車《れっしゃ》には「災害復興支援列車《さいがいふっこうしえんれっしゃ》」のはり紙をし、運賃《うんちん》を無料《むりょう》で走らせました。運賃《うんちん》を無料《むりょう》にしたことには、「みんなが被災《ひさい》してこまっているときこそ恩返《おんがえ》しをしたい」という、三《さん》陸鉄道《りくてつどう》の強い気持《きも》ちがこめられてい

震災《しんさい》からわずか５日後に動《うご》きだした、災害復興支援列車《さいがいふっこうしえんれっしゃ》

たのです。

列車《れっしゃ》が走りだすと、沿線《えんせん》でがれきのかたづけをしていた人たちは、おどろいたように仕事《しごと》の手を止めました。

「うわあ、三鉄《さんてつ》が走ってるぞ！」

「三鉄《さんてつ》ががんばっているんだもの、うちらも、へこたれてはいられない」

そして、列車《れっしゃ》に向《む》かって手をふらずにはいられませんでした。

「おーい、三鉄《さんてつ》！　いっしょにがんばっぺ！」

たとえ短《みじか》い区間《くかん》でも、列車《れっしゃ》が走りだしたことは、地域《ちいき》の人たちに勇気《ゆうき》と大きな希望《きぼう》をあたえてくれました。

田老駅《たろうえき》近くでは、線路《せんろ》が大量《たいりょう》のがれきでおおわれ、三陸鉄道《さんりくてつどう》の社員《しゃいん》たちだけではとても手に負《お》えませんでした。そこに、自衛隊《じえいたい》が力をかしてくれることになりました。そのおかげで、わずか四日間で、田老駅付近《たろうえきふきん》のがれきをとりのぞくことができました。

田老駅付近《たろうえきふきん》の復旧工事《ふっきゅうこうじ》のようす

二〇一一年三月二十日、北リアス線の宮古《みやこ》—田老《たろう》間で、三月二十九日には田《た》老《ろう》—小本《おもと》間で、列車《れっしゃ》の運行《うんこう》が再開《さいかい》しました。

まだ電気も完全《かんぜん》に復旧《ふっきゅう》していない中、社員《しゃいん》が手旗《てばた》で、出発《しゅっぱつ》の信号《しんごう》を送《おく》りました。

踏切《ふみきり》には、遮断機《しゃだんき》の代《か》わりに社員《しゃいん》が立って、横断《おうだん》する車や人を守《まも》りました。

望月《もちづき》社長は安全《あんぜん》のために、「警笛《けいてき》を何度《なんど》も鳴らすように」と、指示《しじ》を出しました。

フォーン、フォーン。

人びとは、おもわず警笛《けいてき》に耳をかたむけました。

「ああ……、あれは、三鉄《さんてつ》が走る音だ。いつも同じ時間に聞こえてきた、あの音だ！」

ひさしぶりに聞く三陸鉄道《さんりくてつどう》の警笛《けいてき》は、震災《しんさい》によってうばわれた日常《にちじょう》生活が、わずかでも、もどってきたことを感《かん》じさせてくれるものでした。

遮断機《しゃだんき》の代《か》わりに、社員《しゃいん》が旗《はた》を持《も》って踏切《ふみきり》に立った

手旗《てばた》で出発《しゅっぱつ》の合図を送《おく》った

みんなの笑顔《えがお》を乗《の》せて出発《しゅっぱつ》した列車《れっしゃ》でしたが、宮古《みやこ》を出発《しゅっぱつ》して田老地区《たろうちく》に差《さ》しかかると、にぎやかだった列車《れっしゃ》の中はしんと静《しず》まり返《かえ》りました。なみだをぬぐう人もいました。高台を走る線路《せんろ》のすぐ下にまで、がれきが積《つ》み重《かさ》なった悲《かな》しい光景《こうけい》が広がっていたからです。

（美《うつく》しいふるさとが、どうしてこんなことになってしまったんだ……）

つらくきびしい現実《げんじつ》が、ずしりとのしかかってきます。

操縦《そうじゅう》かんをにぎる運転士《うんてんし》の目からも、なみだが流《なが》れました。

（できることなら、このつらい現実《げんじつ》から目をそむけてしまいたい。でも、三鉄《さんてつ》が動《うご》かなければ、人も街《まち》も動《うご》きだせないんだ）

運転士《うんてんし》も乗客《じょうきゃく》たちも、こみあげる悲《かな》しみやくやしさにじっとたえながら、窓《まど》の外に広がるがれきの山を見つめたのです。

前を向《む》いて歩みだした三陸鉄道《さんりくてつどう》のすがたは、全国《ぜんこく》の人びとにも深《ふか》い感動《かんどう》をあたえました。

「わたしたちにお手伝《てつだ》いできることはありませんか？」

そう言って、全国《ぜんこく》からつぎつぎに支援《しえん》が集《あつ》まってきました。ほかの鉄道会社《てつどうがいしゃ》の社員《しゃいん》が手伝《てつだ》いに来てくれたり、支援《しえん》のために乗車券《じょうしゃけん》を千枚《まい》も買ってくれた人もいました。

しかし、列車《れっしゃ》が走りだしたといっても、まだまだ問題《もんだい》が山積《やまづ》みでした。北リアス線と南リアス線の全線《ぜんせん》を復旧《ふっきゅう》させるためには、百八億《おく》円という大《たい》変《へん》な額《がく》のお金が必要《ひつよう》であることがわかったのです。

じつは三陸鉄道《さんりくてつどう》は、震災前《しんさいまえ》から毎年のように、約《やく》一億《おく》円の赤字を出していました。

（赤字続《つづ》きの三陸鉄道《さんりくてつどう》に、どうやって百八億《おく》円ものお金がじゅんびできるというんだ……）

社員《しゃいん》たちは、とほうにくれました。

「三陸鉄道《さんりくてつどう》にお金をかけるより、道路《どうろ》を整備《せいび》したり、もっとほかのところにお金を使《つか》ったほうがいい」

「そこまでして、三陸鉄道《さんりくてつどう》を復旧《ふっきゅう》させる意味《いみ》があるんだろうか?」

そんな否定的《ひていてき》な意見《いけん》も聞かれました。

しかしいっぽうで、三陸鉄道《さんりくてつどう》の復旧《ふっきゅう》を願《ねが》う声は、日ましに高まっていきました。テレビや新聞でも報道《ほうどう》され、三陸鉄道《さんりくてつどう》が奮闘《ふんとう》するすがたは、全国的《ぜんこくてき》に知られるようになっていたのです。

「三鉄《さんてつ》がんばれ!」というはげましの手紙が、全国《ぜんこく》からたくさんとどきました。

地域《ちいき》の人たちは特別《とくべつ》な思いで、三陸鉄道《さんりくてつどう》の復旧《ふっきゅう》を待《ま》っていました。

「三鉄《さんてつ》が震災《しんさい》の五日後に走りだしてくれたことは、決《けっ》してわすれないよ。勇気《ゆうき》と希望《きぼう》をあたえてくれたんだ。もう一度《いちど》、三鉄《さんてつ》に乗《の》りたい!」

そう言って、いままで以上《いじょう》に、温《あたた》かい声をかけてくれました。

望月《もちづき》社長はじめ、三陸鉄道《さんりくてつどう》の社員《しゃいん》たちは、信《しん》じていました。

「三陸鉄道《さんりくてつどう》を応援《おうえん》してくれる人たちが、たくさんいる。何よりも、三陸鉄道《さんりくてつどう》は、きずなをつなぐ鉄道《てつどう》なんだ」

二〇一一年十一月二十一日。うれしいニュースが、三陸鉄道《さんりくてつどう》の社員《しゃいん》たちのもとにとどきました。

「国が、費用《ひよう》を全額負担《ぜんがくふたん》してくれることになったぞ！」

三陸鉄道《さんりくてつどう》の復旧《ふっきゅう》が、被災地《ひさいち》の復興《ふっこう》のシンボルになること、そして、三陸鉄《さんりくてつ》道《どう》の通る高い築堤《ちくてい》が、第《だい》二の防潮堤《ぼうちょうてい》として人びとの命《いのち》を守《まも》ったことがみとめられたのです。

国が全面的《ぜんめんてき》に応援《おうえん》してくれることが決《き》まり、三陸鉄道《さんりくてつどう》はまようことなく、復《ふっ》旧《きゅう》に向《む》かって進《すす》みはじめました。

第《だい》5章《しょう》　風化《ふうか》って何だ？

復興《ふっこう》が少しずつ進《すす》んでいくことを実感《じっかん》するいっぽうで、二橋《にはし》さんの胸《むね》には震《しん》災時《さいじ》の自分に対《たい》する悔《く》いが残《のこ》っていました。

三・一一のあの日、二橋《にはし》さんは久慈市役所《くじしやくしょ》の中にいました。あわてて建物《たてもの》の外ににげだしましたが、「津波《つなみ》が来るかもしれない」という考えが、すぐに頭にうかばなかったのです。

二橋《にはし》さんは、海から遠い山間部《さんかんぶ》で生まれ育《そだ》ったため、津波《つなみ》への意識《いしき》は決《けっ》して高いとは言えませんでした。けれども、三陸鉄道《さんりくてつどう》に入社してからは、くり返《かえ》し、地震《じしん》が来たら津波《つなみ》を警戒《けいかい》するようにと、教えられてきました。

（何度《なんど》も勉強《べんきょう》したはずなのに、どうしてあのときすぐに、津波《つなみ》を思いうかべる

ことができなかったんだろう）

経験《けいけん》したことのない大地震《だいじしん》のために、パニックになってしまったのかもしれません。でも、二橋《にはし》さんは、そんな自分がはずかしく思えるのでした。

さらに二橋《にはし》さんは、社員《しゃいん》や地域《ちいき》の人の中にも、自分と同じように、すぐに津《つ》波《なみ》の危険性《きけんせい》が頭にうかばなかった人が、大勢《おおぜい》いたことにおどろきました。

（もしかしたら、みんなも、いつのまにか防災意識《ぼうさいいしき》が低《ひく》くなっていたのかな。自分だって、あのとき海のそばにいたら、津波《つなみ》の犠牲《ぎせい》になっていたかもしれないんだ……）

二橋《にはし》さんは、自分が生き残《のこ》った意味《いみ》を考えずにいられませんでした。そして、変《か》わり果《は》てたふるさとのすがたを見るたびに、胸《むね》がはりさけそうになりました。

（三陸《さんりく》地方はこれまで何度《なんど》も大津波《おおつなみ》を経験《けいけん》してきた。その教訓《きょうくん》があったはずなのに、生かすことができなかった。たくさんの犠牲者《ぎせいしゃ》をまた出してしまった。

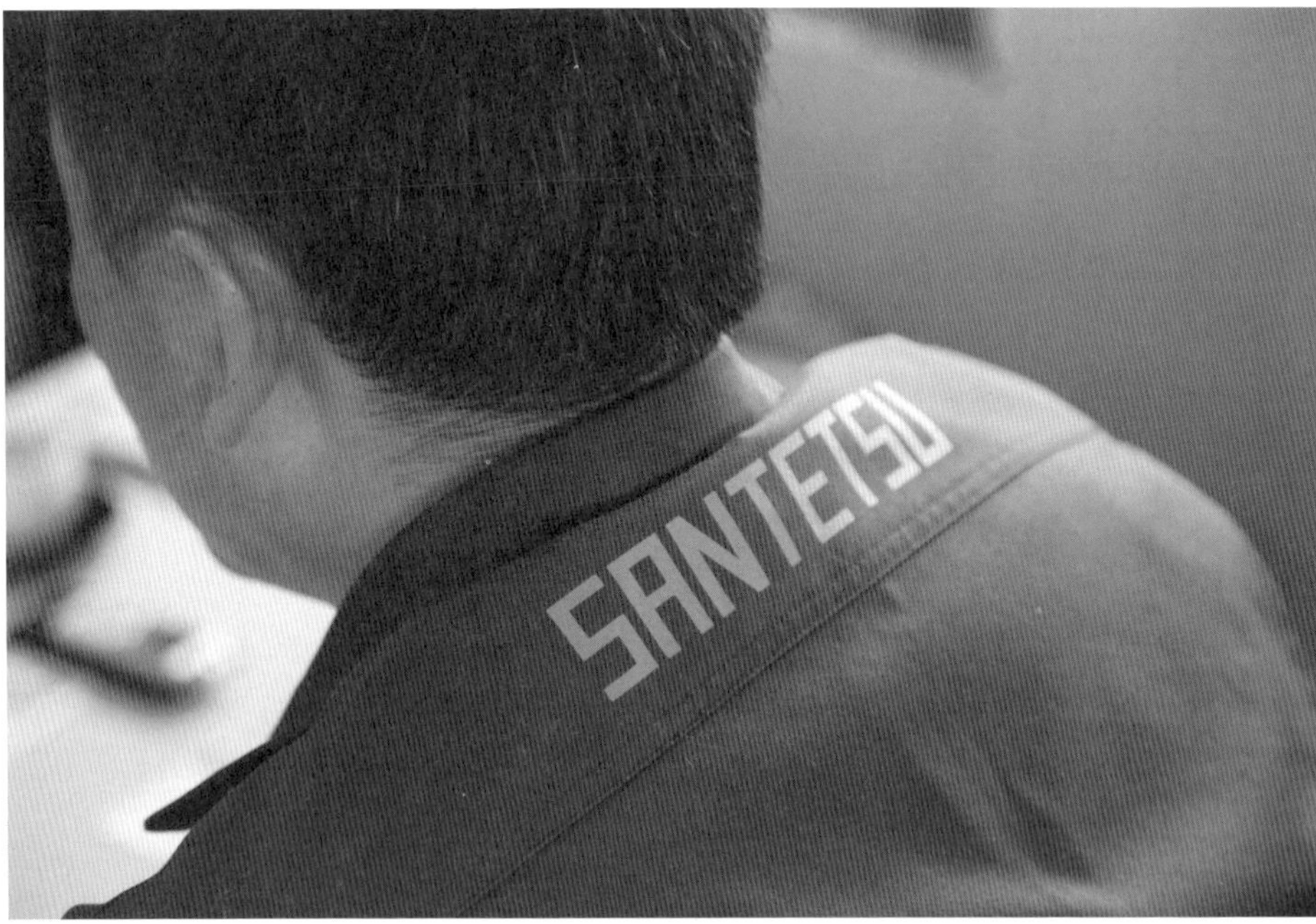

「どうすれば、震災《しんさい》の教訓《きょうくん》を生かせるのか──」。二橋《にはし》さんは思いなやんだ

それが、くやしい。くやしくてたまらない……）

震災《しんさい》から半年もすると、二橋《にはし》さんの頭に、ある考えがうかぶようになりました。

（あの大震災《だいしんさい》を目のあたりにした人間として、これからを生きる人たちに伝《つた》えていかなければならないんじゃないか……。自分は震災前《しんさいまえ》まで、体験型旅行《たいけんがたりょこう》をすすめてきた。そうだ、震災《しんさい》を伝《つた》えるための学習列車《がくしゅうれっしゃ》を企画《きかく》してはどうだろうか）

けれども、それをすぐに、会社に言いだすことはできませんでした。

（果《は》たして列車《れっしゃ》の中で、災害《さいがい》の話をしていいんだろうか。教訓《きょうくん》を伝《つた》えるということは、被災《ひさい》した自分たちの反省《はんせい》やよくなかった部分《ぶぶん》も、口に出して言わなければならないんだぞ。それは、被災《ひさい》された方や、亡《な》くなった方に対《たい》して、失礼《しつれい》になるんじゃないか……）

二橋《にはし》さんは、心の中で同じ問《と》いを何度《なんど》もくり返《かえ》しました。答えはなかなか出てきません。苦《くる》しい時間がすぎていきました。

そんなとき二橋《にはし》さんは、受《う》け入れることのできない言葉《ことば》に出会いました。

それは、「震災《しんさい》の風化《ふうか》」です。テレビや新聞に、「風化《ふうか》」という言葉《ことば》が出てくるようになり、その言葉《ことば》を見るたび、胸《むね》がズキンといたみました。

（風化《ふうか》……？　ありえない、そんなこと）

たしかに、街《まち》の中をうめつくしていたがれきは、しだいにかたづけられ、日を追《お》うごとに量《りょう》がへっていきます。海岸《かいがん》にはクレーン車がならび、こわれた堤《てい》防《ぼう》を直していきます。震災《しんさい》のつめあとは、少しずつではあっても、確実《かくじつ》に小さくなっています。

同時に、被災地《ひさいち》のニュースがテレビや新聞に流《なが》れることが、だんだん少なくなっていきました。二橋《にはし》さんは、被災地《ひさいち》から遠くなればなるほど、震災《しんさい》への関《かん》心《しん》がうすれていっていることを、ひしひしと感《かん》じるようになりました。

（でも、被災地《ひさいち》ではまだ、仮設住宅《かせつじゅうたく》で先の見えないくらしをしている人たちが

大勢《おおぜい》いる。風化《ふうか》なんて、させてしまっていいのか？　いや、いいはずがない）

　そう考えた二橋《にはし》さんは、社内の会議《かいぎ》で震災学習列車《しんさいがくしゅうれっしゃ》を提案《ていあん》することに決《き》めました。

「現在運行《げんざいうんこう》している北リアス線の久慈駅《くじえき》から田野畑駅《たのはたえき》のあいだで、震災学習列《しんさいがくしゅうれっ》車《しゃ》を走らせてはどうでしょうか。列車《れっしゃ》の中では、防災教育《ぼうさいきょういく》に役立《やくだ》ててもらえるように、社員《しゃいん》がガイドをします。全国《ぜんこく》から被災地《ひさいち》に来ていただいて、実際《じっさい》のようすを見てもらうんです」

　すると、やはり社内の人たちからは、とまどいの声が出ました。

「運賃《うんちん》をいただいて列車《れっしゃ》を運行《うんこう》するんだぞ。その中で災害《さいがい》の話をして、だれが喜《よろこ》ぶんだ。それに、被災地《ひさいち》の方の気持《きも》ちを考えてみろ。震災《しんさい》を見せものにするようで、失礼《しつれい》じゃないのか」

　みんなの気持《きも》ちは、いたいほどわかります。

　それでも、二橋《にはし》さんは、言葉《ことば》をひとつひとつ、かみしめるようにして言いました。

「被災《ひさい》された方がかかえる、つらさや悲《かな》しみ。それをわかったうえでも、やっぱり教訓《きょうくん》は伝《つた》えていくべきだと思うんです。この震災《しんさい》を風化《ふうか》させないために。そして、二度《にど》と悲《かな》しい体験《たいけん》をくり返《かえ》さないために」

その思いはもう、ゆらぎませんでした。

二橋《にはし》さんはさらに、話し続《つづ》けました。

「わたし自身《じしん》が、被災地《ひさいち》にいる人間のひとりです。ガイドといっても、客観的《きゃっかんてき》にするのではなく、自分の感《かん》じていることを、素直《すなお》に伝《つた》えていきたいと思っています。同じ被災地《ひさいち》の人間でも、自分とほかの人と意見《いけん》がちがうこともあるでしょう。でも、そこをえんりょしていたら、何も伝《つた》わらないと思います」

さらに、もうひとつの思いも伝《つた》えました。

「三陸鉄道《さんりくてつどう》は全国《ぜんこく》からの応援《おうえん》をいただいて、ここまで復興《ふっこう》しつつあります。全《ぜん》国《こく》のみなさんに、災害《さいがい》で同じようなつらい体験《たいけん》をしてほしくないのです。震災《しんさい》の教訓《きょうくん》を伝《つた》えることは、全国《ぜんこく》のみなさんに対《たい》する恩返《おんがえ》しにもなるんじゃないでしょうか？」

「恩返《おんがえ》し……。たしかに、そうかもしれないな」

「それに、被災地《ひさいち》の〝いま〟が知りたくても、被災《ひさい》した人にえんりょして、来られない人も大勢《おおぜい》いるんじゃないでしょうか。震災学習列車《しんさいがくしゅうれっしゃ》が、被災地《ひさいち》をおとずれるきっかけになってくれればと思うのです」

二橋《にはし》さんの強い思いは、やがて社員《しゃいん》みんなの心を、ひとつにまとめていきました。

「よし、やってみよう。震災学習列車《しんさいがくしゅうれっしゃ》を走らせよう！」

第《だい》6章《しょう》　震災《しんさい》学習《がくしゅう》列車《れっしゃ》が発車《はっしゃ》します

二〇一二年五月。震災学習列車《しんさいがくしゅうれっしゃ》の企画《きかく》を発表《はっぴょう》すると、さっそく申《もう》しこみが入りました。

「え、もう申《もう》しこみがあったの?」

二橋《にはし》さんは、反響《はんきょう》の速《はや》さに正直おどろきました。

(こんなにもすぐ反響《はんきょう》があるなんて。三陸鉄道《さんりくてつどう》はやっぱり、注目《ちゅうもく》してもらっているんだな)

二橋《にはし》さんが、全国《ぜんこく》からのはげましを実感《じっかん》した瞬間《しゅんかん》でした。

二〇一二年六月十三日、震災学習列車《しんさいがくしゅうれっしゃ》の第《だい》一号《ごう》が、久慈駅《くじえき》から田野畑駅《たのはたえき》までを走ることになりました。

その日は、国際交流《こくさいこうりゅう》のために日本をおとずれていたアメリカの高校生五十七人が乗車《じょうしゃ》しました。二橋《にはし》さんは英語《えいご》に通訳《つうやく》してもらいながら、いっしょうけんめいにガイドをしました。

高校生たちは、出発《しゅっぱつ》直後は写真《しゃしん》をとったりして楽しそうにおしゃべりをしていましたが、津波《つなみ》で流《なが》された防潮堤《ぼうちょうてい》や積《つ》みあげられたがれきが見えてくると、真剣《しんけん》な表情《ひょうじょう》になっていきました。

「ここに積《つ》まれたものは、いまは〝がれき〟とよばれていますが、かつては、わたしたちの大切な家財《かざい》であり、大事《だいじ》な思い出の品《しな》だったのです」

ほかの地域《ちいき》に住《す》む人にとって、がれきは「ごみ」としか感《かん》じられないかもしれません。けれども、被災者《ひさいしゃ》にとっては「大事《だいじ》な思い出の品《しな》」でもあることを二橋《にはし》さんが伝《つた》えると、がれきを見つめる高校生たちの目の色が、変《か》わっていきました。

列車《れっしゃ》は、津波《つなみ》で大きな被害《ひがい》を受《う》けた、陸中野田駅《りくちゅうのだえき》から野田玉川駅《のだたまがわえき》のあいだ

「がれきは被災《ひさい》した人にとっては大切な家財《かざい》であり、思い出の品《しな》なのです」。
二橋《にはし》さんの言葉《ことば》は、乗客《じょうきゃく》の胸《むね》にひびいた

で停車《ていしゃ》しました。

二橋《にはし》さんは、家が立ちならぶ震災前《しんさいまえ》の写真《しゃしん》を見てもらいながら、被害《ひがい》のようすを説明《せつめい》しました。

「この地域《ちいき》は、津波《つなみ》が三十七メートルの高さまで達《たっ》して、集落《しゅうらく》が流《なが》され、多くの方の命《いのち》が失《うしな》われました。ぜひ、みなさんといっしょに、黙《もく》とうをささげたいと思います」

すると、アメリカの高校生たちは、全員《ぜんいん》が静《しず》かに座席《ざせき》から立ちあがりました。海に向《む》かって目をとじ、祈《いの》りをささげてくれたのです。

はじめてのガイドを終《お》えた二橋《にはし》さんは、きんちょうの連続《れんぞく》でへとへとになっていました。そんな二橋《にはし》さんのもとに、高校生たちが感想《かんそう》を伝《つた》えにきてくれました。

「悲《かな》しくて言葉《ことば》にできません。わたしは、がれきの山を見てなみだがこみあげてきました」

「わたしもアメリカに帰ったら、今日見たことを、ぜひまわりの人に教えたいです」

（ああ、よかった……！　アメリカの高校生たちにも、震災学習列車《しんさいがくしゅうれっしゃ》の思いはちゃんと伝《つた》わったんだ）

二橋《にはし》さんは、たしかな手ごたえを感《かん》じました。

「三陸鉄道《さんりくてつどう》には、被災地《ひさいち》の現状《げんじょう》や防災《ぼうさい》について学ぶことができる震災学習列《しんさいがくしゅうれっ》車《しゃ》があるそうだ」

そんな評判《ひょうばん》が広がり、修学旅行《しゅうがくりょこう》や教育関係《きょういくかんけい》の団体《だんたい》などからの申しこみが、いくつも入りました。

二橋《にはし》さんは、ガイドをはじめるにあたって、八ページにわたる「説明《せつめい》ガイドライン」を作っていました。

各地区《かくちく》におしよせた津波《つなみ》の高さ、亡《な》くなった方や行方不明《ゆくえふめい》になった方の数、

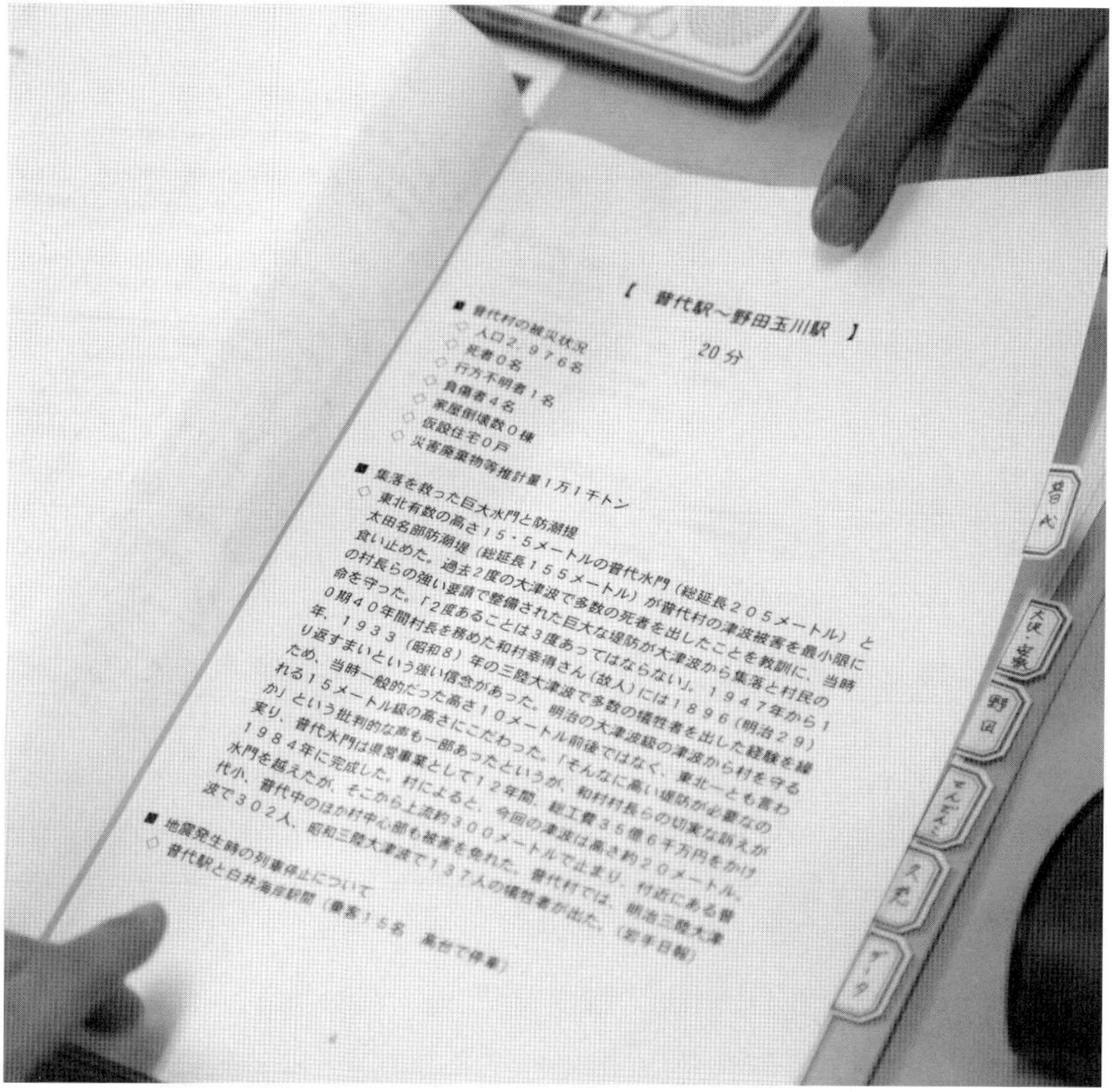

二橋《にはし》さんが作った、震災学習列車《しんさいがくしゅうれっしゃ》の「説明《せつめい》ガイドライン」

流《なが》されてしまった家の数、防潮堤《ぼうちょうてい》の高さやがれきの量《りょう》など、区間《くかん》ごとに話すべきポイントをまとめたものです。

ところが実際《じっさい》に「ガイドライン」を見ながら話をすると、乗客《じょうきゃく》はおしゃべりをはじめたりして、あまり真剣《しんけん》に聞いてくれません。

（おかしいな。こんなんじゃ、ちっともガイドにならないぞ。どうしてだろう）

二橋《にはし》さんは、乗客《じょうきゃく》の立場になって、もう一度《いちど》考え直してみました。

（そうか、みんなは、この防潮堤《ぼうちょうてい》の高さはいくらで、津波《つなみ》の高さがいくらで、流《なが》された家屋《かおく》が何戸あってとか、本に書いてあるようなことをわざわざ聞きにくるのではないんだな。もしかしたら、現地《げんち》の人がいま、何を思っているかを、一番聞きたいんじゃないかな）

二橋《にはし》さんは、そう気づいてから、ガイドラインを見ながら話すのをやめました。ガイドラインを見るのは、質問《しつもん》に対《たい》して正確《せいかく》な数字を答えるときだけにしました。そして、自分の思いを、心をこめて話すようにしました。

すると、乗客《じょうきゃく》はおしゃべりをやめ、二橋《にはし》さんの話すことに真剣《しんけん》に耳をかたむけてくれるようになりました。

震災学習列車《しんさいがくしゅうれっしゃ》の申《もう》しこみがふえるにつれて、二橋《にはし》さんは、うれしい半面《はんめん》、頭をかかえました。一両《りょう》の定員《ていいん》は、四十~五十人です。もっと多くの人が乗《の》る場合は、車両《しゃりょう》をふやす必要《ひつよう》がありました。

（ただでさえ社員《しゃいん》の数もぎりぎりなのに、どうしよう。たとえばガイドを録音《ろくおん》しておいてテープで流《なが》すとか……）

二橋《にはし》さんは考えた末《すえ》、首を横《よこ》にふりました。

（いいや、だめだ。それでは、こちらの思いは伝《つた》わらない。乗客《じょうきゃく》のみなさんに、生の声を聞いてもらうんだ）

そこで、二橋《にはし》さんのほかにもガイドを担当《たんとう》する社員《しゃいん》をふやすことにしました。二両以上《りょういじょう》の編成《へんせい》の場合も、一両《りょう》にひとりずつ、ガイドが乗《の》りこみます。

「ガイドラインがありますので、各自《かくじ》で必要《ひつよう》なときに使《つか》ってください」

新しくガイドとなった、運行《うんこう》本部《ほんぶ》長《ちょう》の金野《こんの》淳一《じゅんいち》さん

同じくガイドとなった、久慈《くじ》駅長《えきちょう》の橋上《はしかみ》和司《かずし》さん

二橋《にはし》さんはそう言って、新しくガイド役《やく》となった社員《しゃいん》たちにもガイドラインを持《も》ってもらいました。けれども、ほかのガイドたちも、二橋《にはし》さんと同じように、すぐにそれを見る必要《ひつよう》がなくなってしまいました。それぞれに自分の伝《つた》えたい思いがあり、自分の言葉《ことば》で話すようになったからです。

そのため、同じ説明《せつめい》ポイントで話をしても、ガイドごとに話のニュアンスは少しずつちがっています。たとえば、がれきの処理《しょり》ひとつとっても「早く進《すす》んでいる」と感《かん》じる人もいれば、「おそすぎる」と感《かん》じる人もいるからです。

(全員《ぜんいん》が、そろって同じことを言わなくてもいい。感《かん》じていることをそろえようとしたら、にせものになってしまう。ひとりひとりの思いを、正直に話していくことが大事《だいじ》なんだ)

二橋《にはし》さんは、そう考えています。

北リアス線の震災学習列車《しんさいがくしゅうれっしゃ》への申《もう》しこみは、順調《じゅんちょう》にふえていきました。

第《だい》7章《しょう》　南リアス線の復旧《ふっきゅう》

北リアス線が震災学習列車《しんさいがくしゅうれっしゃ》を走らせはじめたころ、南リアス線では、まだ運行《うんこう》を再開《さいかい》できない状況《じょうきょう》が続《つづ》いていました。

震源地《しんげんち》に近かった南リアス線では、地震《じしん》と津波《つなみ》による線路《せんろ》への被害《ひがい》が、北リアス線よりずっと大きかったからです。

震災時《しんさいじ》、南リアス線で使用《しよう》していた四両《りょう》の車両《しゃりょう》のうち三両《りょう》は、津波《つなみ》の海水をかぶってしまったために、二度《にど》と使《つか》うことができなくなりました。

三・一一のあの日、トンネルの中に緊急停止《きんきゅうていし》した一両《りょう》だけが、いま南リアス線に残《のこ》されている、ゆいいつの車両《しゃりょう》だったのです。

南リアス線で働《はたら》いていた熊谷《くまがい》さんは、トンネルに残《のこ》された車両《しゃりょう》を整備《せいび》するために、週に一度《いちど》は通っていました。

トンネルの中は湿度《しつど》が高いため、置《お》いたままにしておくと、カビが生えて車体がいたんでしまうからです。

（たった一両《りょう》だけ残《のこ》った車両《しゃりょう》だ。運行《うんこう》が再開《さいかい》できる日が来たら、すぐに動《うご》けるようにしておいてやろう）

その一両《りょう》は、三陸鉄道《さんりくてつどう》が開業《かいぎょう》したときから走り続けてきた車両《しゃりょう》です。熊谷《くまがい》さんもまた、開業《かいぎょう》と同時に入社しました。その車両《しゃりょう》は、いっしょに働《はたら》いてきた仲間《なかま》のようなものです。

熊谷《くまがい》さんは、真《ま》っ暗なトンネルをひとりで歩いて通いながら、車両《しゃりょう》の整備《せいび》を続《つづ》けました。

二〇一一年六月二十四日。列車《れっしゃ》が緊急停止《きんきゅうていし》してからじつに三カ月半ぶりに、車両《しゃりょう》をトンネルの外へ出せる日がやってきました。

暗《くら》いトンネルから車両《しゃりょう》がすがたをあらわした瞬間《しゅんかん》、見守《みまも》っていた熊谷《くまがい》さん

3カ月半ぶりに、車両《しゃりょう》がトンネルから出てきた。熊谷《くまがい》さんは、感激《かんげき》でなみだが止まらなかった

の目から、なみだがポロポロとこぼれました。

（ああ、ちゃんと走っている！）

南リアス線の復旧《ふっきゅう》の第《だい》一歩が感《かん》じられた瞬間《しゅんかん》でした。

トンネルを出た車両《しゃりょう》は、ひとまず、一番近い吉浜駅《よしはまえき》に停《と》めておくことになりました。

しかし、線路《せんろ》がずたずたになった南リアス線が復旧《ふっきゅう》するまでには、まだ時間が必要《ひつよう》でした。社員《しゃいん》たちはそれから二年近くも、線路《せんろ》のがれきをかたづけ、レールのどろをあらい落《お》とし、敷石《しきいし》をしき直す作業《さぎょう》をこつこつと続《つづ》けなければならなかったのです。

（いつになったら、列車《れっしゃ》を走らせることができるんだろう。こんなことで、ほんとうに南リアス線は、復旧《ふっきゅう》できるんだろうか）

一日中下を向《む》いて作業《さぎょう》をしていると、みんながだまりこんでしまい、表《ひょう》情《じょう》もしずんでいきます。

(しみったれた顔してたら、だめだべ。よ~し!)

そんなとき、熊谷《くまがい》さんは、自分の前で作業《さぎょう》をしている社員《しゃいん》のおしりをぽんとたたいて、いたずらをしかけました。

「わあ! 何だべ~、びっくりした!」

たちまち、みんなにどっと笑《わら》いが広がります。

暗《くら》くなりがちな気持《きも》ちを少しでも明るくしようと、たがいにはげましあいながら、地道な作業《さぎょう》を続《つづ》けていきました。


二〇一三年四月三日。盛駅《さかりえき》が喜《よろこ》びにわきました。

南リアス線の南半分にあたる盛《さかり》—吉浜《よしはま》間で、ついに運行《うんこう》を再開《さいかい》することになったのです。震災発生《しんさいはっせい》から二年の歳月《さいげつ》がすぎていました。

奇跡《きせき》的《てき》に生き残《のこ》った一両《りょう》は、吉浜駅《よしはまえき》でメンテナンスを続《つづ》けながら、この日を待《ま》っていました。運行再開《うんこうさいかい》の日にあわせて、車体全体《ぜんたい》にサクラの花もようのラッピングがほどこされました。

ピンクの花びらをまとった車《しゃ》両《りょう》が登場《とうじょう》すると、駅《えき》につめかけた人から、「わあ〜っ！」と歓声《かんせい》があがりました。

「おかえり！　南リアス線！」

「やっと、南リアス線が走りだしたぞ！」

二年間、待《ま》ちに待《ま》った運行再開《うんこうさいかい》でした。

失《うしな》った三両《りょう》に代《か》わり、クウェートからの援助《えんじょ》で作られた新しい車《しゃ》両《りょう》も走りだしました。

クウェートからの援助《えんじょ》で作られた、新しい車両《しゃりょう》の搬入作業《はんにゅうさぎょう》

再開《さいかい》からまもなく、熊谷《くまがい》さんのもとに、北リアス線につとめる二橋《にはし》さんから話が持《も》ちこまれました。

「熊谷《くまがい》さん、南リアス線でも北リアス線と同じように、震災学習列車《しんさいがくしゅうれっしゃ》を走らせたい。ガイドをやってくれないか？」

「え？　わたしがガイドですか？」

熊谷《くまがい》さんはおどろきました。熊谷《くまがい》さんは入社以来《いらい》、ずっと南リアス線で働《はたら》いてきました。ほかの社員《しゃいん》と同じように、営業《えいぎょう》、運転士《うんてんし》、車掌《しゃしょう》、列車運行《れっしゃうんこう》の指《し》示係《じがかり》など、さまざまな業務《ぎょうむ》を担当《たんとう》してきたので、南リアス線のことはよくわかっています。しかし……。

（ほんとうに自分にできるんだろうか。それに被災地《ひさいち》でガイドなんて、やっていいんだろうか……）

熊谷《くまがい》さんも、二橋《にはし》さんたちと同じようにまよいました。

熊谷《くまがい》さんは、三月十一日のことを思い返《かえ》しました。

その日は北リアス線での用事《ようじ》を終《お》えて、海ぞいの道を車で走りながら帰るところでした。田老《たろう》近くの駐車場《ちゅうしゃじょう》で休けいをとっていたとき、突然《とつぜん》、地面《じめん》が大きくゆれました。

（うわっ、立っていられない！　こんな地震《じしん》は生まれてはじめてだ。このまま地球《ちきゅう》がこわれてしまうんじゃないか）

経験《けいけん》したことのないはげしいゆれに、熊谷《くまがい》さんの頭は真《ま》っ白になってしまいました。ようやくゆれがおさまったとき、どこに避難《ひなん》したらいいのかも、すぐにはわからないほどでした。

（とにかく、大船渡《おおふなと》の事務所《じむしょ》に帰らなければ……！）

むちゅうでハンドルをにぎりながら車を走らせるうちに、ぐうぜん道路工事《どうろこうじ》をしていた人と出会い、山の中を通る道を教えてもらいました。そのおかげで熊谷《くまがい》さんは津波《つなみ》にあわずに、大船渡《おおふなと》の事務所《じむしょ》まで帰ることができました。

でも、もしあのまま、海ぞいの道を走っていたら……？

あらためて思い返《かえ》してみると、ぞっとします。

（自分は、たまたま助《たす》かっただけなんだ）

震災学習列車《しんさいがくしゅうれっしゃ》の大きな目的《もくてき》のひとつは、防災意識《ぼうさいいしき》を高めてもらうことです。

（わたしで役《やく》に立つならば、やろう。いや、やらなければいけない！）

熊谷《くまがい》さんは、ガイドの仕事《しごと》をひき受《う》けることに決《き》めました。

南リアス線でも震災学習列車《しんさいがくしゅうれっしゃ》を運行《うんこう》することを発表《はっぴょう》すると、すぐに申《もう》しこみがありました。

二〇一三年六月三日。南リアス線ではじめての震災学習列車《しんさいがくしゅうれっしゃ》が走りました。熊谷《くまがい》さんは、大阪《おおさか》から来た三十名以上《いじょう》の乗客《じょうきゃく》を前に、きんちょうでのどをカラカラにしながら、ガイドをつとめました。五十分間、いっしょうけんめい話し続《つづ》けたので、ガイドを終《お》えるとぐったりしてしまうほどでした。

乗客《じょうきゃく》の中には、一九九五年の阪神淡路大震災《はんしんあわじだいしんさい》で被災《ひさい》した人もいました。

「わたしは、地震《じしん》のこわさは体験《たいけん》したけれど、津波《つなみ》のことは知りませんでした。実際《じっさい》に来てみて、おそろしさがよくわかりました」

熊谷《くまがい》さんは、自分の思いが伝《つた》わった手ごたえに、つかれがふきとぶように感《かん》じました。

小中学生の参加《さんか》もふえてきました。

子どもたちは、たいてい、ニコニコの笑顔《えがお》で列車《れっしゃ》に乗《の》りこんできます。列車《れっしゃ》に乗《の》ること自体が、うれしくてたまらないようです。

それを見るたび、熊谷《くまがい》さんの顔もほころびました。

（自分は長く鉄道会社《てつどうがいしゃ》につとめてきて、鉄道《てつどう》に乗《の》るのが、すっかりあたりまえになっていた。でも列車《れっしゃ》に乗《の》ることって、わくわくすることだよな。震災《しんさい》にあって、そんなこともわすれていたなあ……）

熊谷《くまがい》さんは、子どもたちの笑顔《えがお》から力をもらいながら、わかりやすく、ていねいにガイドをしました。

参加者《さんかしゃ》がふえるにつれて、南リアス線の震災学習列車《しんさいがくしゅうれっしゃ》も車両《しゃりょう》をふやし、二両編成《りょうへんせい》になりました。もうひとり、ガイドがふえました。

北リアス線と南リアス線の両方《りょうほう》で走るようになったことで、震災学習列《しんさいがくしゅうれっ》車《しゃ》は、さらに注目《ちゅうもく》されるようになりました。

日本全国《ぜんこく》から、またオーストラリア、フィリピン、中国など、外国からの参《さん》加《か》もありました。

二〇一二年六月の運行開始《うんこうかいし》から二〇一四年九月までに、北リアス線と南リ

震災学習列車《しんさいがくしゅうれっしゃ》に乗《の》った小学生からとどいた、たくさんの感想文《かんそうぶん》

アス線をあわせて、のべ一万五千八百六十五人が乗車《じょうしゃ》しました。

参加《さんか》した人が、それぞれガイドの声に深《ふか》く耳をかたむけ、その声を自分の家族《かぞく》や周囲《しゅうい》の人に伝《つた》えていく——。

こうして震災《しんさい》学習《がくしゅう》列車《れっしゃ》は、たくさんの人の心をつないでいったのです。

南リアス線の新しいガイド、山蔭康明《やまかげやすあき》さん（写真《しゃしん》左）と熊谷《くまがい》さん（写真《しゃしん》右）

第《だい》8章《しょう》　きずなを結《むす》ぶ震災《しんさい》学習《がくしゅう》列車《れっしゃ》

二〇一四年七月十日、田野畑駅《たのはたえき》。

北リアス線の震災学習列車《しんさいがくしゅうれっしゃ》に、東京からやってきた桐朋《とうほう》女子中学校の三年生の生徒《せいと》たちが乗車《じょうしゃ》しました。生徒《せいと》たちは、修学旅行《しゅうがくりょこう》の研修《けんしゅう》コースの中から、震災学習列車《しんさいがくしゅうれっしゃ》を選《えら》んでやってきました。

この日のガイドは、二橋《にはし》さんです。

「ようこそ岩手《いわて》にいらっしゃいました。みなさんのお越《こ》しに感謝《かんしゃ》しています」

車内は、生徒《せいと》たちのおしゃべりでにぎわっています。みんな、ドラマ「あまちゃん」でも有名《ゆうめい》になった三陸鉄道《さんりくてつどう》に乗《の》ることができて、うれしいのです。

その中に、新聞部《しんぶんぶ》に所属《しょぞく》する、山本真衣《やまもとまい》さんがいました。

東日本大震災《ひがしにほんだいしんさい》発生《はっせい》当時、小学五年生だった山本《やまもと》さんは、両親《りょうしん》の仕事《しごと》の関係《かんけい》で海外に住《す》んでいました。大震災《だいしんさい》の状況《じょうきょう》は、海外にいたときも、テレビの映像《えいぞう》で何度《なんど》も見ていましたが、被災地《ひさいち》を実際《じっさい》におとずれるのは今回がはじめてでした。

（被災地《ひさいち》の現実《げんじつ》を、この目でしっかりと見ておこう）

山本《やまもと》さんはそんな思いを胸《むね》に、二橋《にはし》さんのガイドに耳をかたむけました。

列車《れっしゃ》が田野畑駅《たのはたえき》を出発《しゅっぱつ》すると、二橋《にはし》さんは山本《やまもと》さんたちに問《と》いかけました。

「みなさんは、ここに来る前、被災地《ひさいち》はどうなっていると思っていましたか？もう復興《ふっこう》していると思っていた人は、手をあげてみてください」

（三年以上《いじょう》たっているんだもの。きっと、復興《ふっこう》しているはず）

山本真衣《やまもとまい》さん

生徒《せいと》たちの手が、つぎつぎとあがりました。

二橋《にはし》さんは、やさしくほほえみました。

「たしかにそう思いますよね。では、これから実際《じっさい》に被災《ひさい》した場所《ばしょ》を走ります。現在《げんざい》は、被災《ひさい》直後のような光景《こうけい》は、ほとんど見なくなりました。がれきは処分《しょぶん》され、こわれた家もかたづけられました。だから、ちょっと見ただけでは、震《しん》災《さい》のことは感《かん》じられないかもしれません」

二橋《にはし》さんのまなざしが、真剣《しんけん》なものに変《か》わりました。

「でも、わたしは、被災《ひさい》された方にとってつらいのは、いまだと思っているんです。がれきをかたづける、住《す》むところをさがす、仮設住宅《かせつじゅうたく》に入る。そうしているうちに、三年間があっという間にすぎたんです。いまになってやっと、過去《かこ》をふり返《かえ》ったり、将来《しょうらい》を考える時間ができた。すると、不安《ふあん》や悲《かな》しみがより強くなる。だからわたしは、被災《ひさい》した方にとっては、いまが精神的《せいしんてき》にとてもつらい時期《じき》ではないかと思っています」

被災《ひさい》した人たちの思いを知ってほしいと、熱《ねつ》をこめて話す二橋《にはし》さん

二橋《にはし》さんは、目には見えない心の被災《ひさい》についても、いっしょうけんめいに伝《つた》えようとしています。

（そうなのか。三年以上《いじょう》がすぎても、震災《しんさい》の悲《かな》しい記憶《きおく》はずっと残《のこ》っているんだ……）

山本《やまもと》さんは、二橋《にはし》さんの言葉《ことば》をずしりと重《おも》く受《う》けとめました。

列車《れっしゃ》はしばらく走ると、うっそうと木が生いしげる山の中で、スピードをゆるめました。

二橋《にはし》さんが、窓《まど》の外を指差《ゆびさ》しました。

「ここは震災発生時《しんさいはっせいじ》、北リアス線を走っていた列車《れっしゃ》が緊急停車《きんきゅうていしゃ》した場所《ばしょ》です」

「え〜っ、こんな山の中で止まったの？」

自分たちが、三・一一のあの瞬間《しゅんかん》、列車《れっしゃ》が緊急停車《きんきゅうていしゃ》した場所《ばしょ》にいることを知り、震災《しんさい》が急《きゅう》にリアルに感《かん》じられてきます。

二橋《にはし》さんは、言葉《ことば》を続《つづ》けました。

「当日は高校生たちが乗《の》ってたんですが、この場所《ばしょ》で、助《たす》けが来るまで五時間近く待《ま》っていました」

（五時間も？　もし自分たちが、この山の中で列車《れっしゃ》の中にとり残《のこ》されていたら、どんな気持《きも》ちだろう……）

山本《やまもと》さんも、自分と年の近い乗客《じょうきゃく》たちがどんなに不安《ふあん》だったかを、思いうかべずにいられません。

やがて列車《れっしゃ》は山をぬけ、安家川《あっかがわ》橋梁《きょうりょう》の上で停車《ていしゃ》しました。

高さ約《やく》三十三メートルの、三陸鉄道《さんりくてつどう》の中で最《もっと》も高い橋《はし》の上から、車窓《しゃそう》いっぱいに太平洋《たいへいよう》を見わたすことができます。北リアス線一の絶景《ぜっけい》ポイントです。

「うわ〜、橋《はし》がものすごく高い！」

「海がきれい！　港《みなと》も見えるよ」

安家川橋梁《あっかがわきょうりょう》からは、太平洋《たいへいよう》が一望《いちぼう》に見わたせる

安家川橋梁《あっかがわきょうりょう》から見える、サケのふ化《か》場

いっきに開《ひら》けた視界《しかい》に、列車内《れっしゃない》におもわず歓声《かんせい》があがります。

二橋《にはし》さんが、港《みなと》に向《む》かって流《なが》れる川を指差《ゆびさ》しました。

「みなさん、あちらに、水色の大きなプールがあるのが見えますか？　あのプールは、サケのふ化《か》場なんです」

岩手県沿岸部《いわてけんえんがんぶ》は、秋サケ漁《りょう》がさかんで、サケの養殖場《ようしょくじょう》がたくさんあります。ふ化《か》場で育《そだ》てたサケの稚魚《ちぎょ》を五月ごろに海に放流《ほうりゅう》し、三〜五年かけて大きく育《そだ》って帰ってきたサケを、秋にとるのです。

「ここの安家川《あっかがわ》ふ化《か》場は、津波《つなみ》で破壊《はかい》され、流《なが》されてしまいました。でも、秋にのぼってくるサケをむかえるために、どこよりも真《ま》っ先に、復旧《ふっきゅう》されたのです」

秋にサケをとって採卵《さいらん》し、稚魚《ちぎょ》を育《そだ》てて春に放流《ほうりゅう》する。そして、ふたたび秋にもどってきたサケをとる。その命《いのち》の循環《じゅんかん》がどこかで一度《いちど》でも止まってしまえば、サケ漁《りょう》はとぎれてしまいます。

サケの養殖《ようしょく》や漁業《ぎょぎょう》は、三陸沿岸《さんりくえんがん》をささえる大事《だいじ》な産業《さんぎょう》であるとともに、地《ち》域《いき》の人たちが長年つないできた、命《いのち》そのものなのです。

「今年（二〇一四年）の秋には、震災《しんさい》の年に津波《つなみ》で流《なが》された稚魚《ちぎょ》たちが、大きくなってここに帰ってくるはずなんです。漁師《りょうし》さんたちは、果《は》たしてサケが帰ってきてくれるかどうか、ドキドキしながら待《ま》っているんですよ」

熱《ねつ》のこもった二橋《にはし》さんの言葉《ことば》に、山本《やまもと》さんたちの心も動《うご》きます。

（どうか、サケが帰ってきますように……）

列車《れっしゃ》はふたたび動《うご》きだすと、海ぞいの線路《せんろ》を走りはじめました。

二橋《にはし》さんは、海に面《めん》して建《た》つ大きな水門を指差《ゆびさ》しました。

「水門の上に、小さな建造物《けんぞうぶつ》があるのが見えますか？　屋根《やね》の右はじが、少しめくれあがっていますね。あれは、津波《つなみ》の力でめくれたものです」

「えっ、あんな高さまで波《なみ》が来たの？」

津波《つなみ》のあとを残《のこ》している水門

列車内《れっしゃない》がざわめきました。

自分の目で見る津波《つなみ》のつめあとは、テレビの中の映像《えいぞう》とは、スケールがまったくちがいます。どれほど大きな津波《つなみ》だったのか、目の前にせまってくるように感《かん》じられるのです。

二橋《にはし》さんは、さらに言いました。

「その津波《つなみ》は水門をこえ、この線路《せんろ》もすべて、おし流《なが》したのです」

「え、ここを流《なが》した?」

「こわい……!」

いま自分たちの真下《ました》で列車《れっしゃ》をささえている線路《せんろ》を、津波《つなみ》がおし流《なが》した……。

その事実《じじつ》に、みなショックをかくせません。

あの水門をこえた津波《つなみ》が、線路《せんろ》をおし流《なが》した……。おそろしさが身《み》にせまってくる

二橋《にはし》さんは、写真《しゃしん》パネルをとりだしました。陸中野田駅《りくちゅうのだえき》から野田玉川駅《のだたまがわえき》間の震災前《しんさいまえ》と震災後《しんさいご》の写真《しゃしん》がならんでいます。

「いまは、何も残《のこ》っていない、ただの原っぱにしか見えないですが、震災前《しんさいまえ》は、ここに、ひとつの大きな街《まち》があったんですよ。たくさんの家が建《た》ちならび、たくさんのお店がありました」

二橋《にはし》さんは、海側《がわ》を指差《ゆびさ》しました。

「では、こちらを見てください」

海側《がわ》には、こわれた防潮堤《ぼうちょうてい》と、新しく建設中《けんせつちゅう》の防潮堤《ぼうちょうてい》が見えます。高さが十二メートルもあった巨大《きょだい》な防潮堤《ぼうちょうてい》が、コンクリートのかたまりになって、たおれています。

「うわぁ……」

まるで大きな手でひきちぎられたようなすがたに圧倒《あっとう》され、列車内《れっしゃない》に、ため息《いき》がもれました。

「震災前《しんさいまえ》は、防潮堤《ぼうちょうてい》と防潮林《ぼうちょうりん》があって、列車《れっしゃ》の窓《まど》からは、海が見えなかったんです。ところが、いまは海が見えていますよね?」

「えっ、どういうこと?」

列車《れっしゃ》の窓《まど》から、たしかに海がすぐ近くに見通せます。

線路《せんろ》と海のあいだに、緑《みどり》ゆたかな防潮林《ぼうちょうりん》があったなんて、想像《そうぞう》もできません。がんじょうなコンクリートや生いしげった松林《まつばやし》さえも、おし流《なが》してしまう津波《つなみ》のすさまじい力を、見せつけられたようでした。

かつての防潮林《ぼうちょうりん》。いまは、かれ木が少し残《のこ》っているだけ

亡《な》くなられた方の冥福《めいふく》を心から祈《いの》る。写真《しゃしん》手前は山本《やまもと》さん

　ここで、列車《れっしゃ》が静《しず》かに停車《ていしゃ》しました。

「ではここで、亡《な》くなった方のご冥福《めいふく》をお祈《いの》りして、黙《もく》とうします」

　二橋《にはし》さんの言葉《ことば》で、全員《ぜんいん》が立ちあがると、海に向《む》かって黙《もく》とうをささげました。亡《な》くなった方、行方不明《ゆくえふめい》の方、そして、いまなお被災地《ひさいち》に残《のこ》る悲《かな》しみを思いながら、心をこめて祈《いの》りをささげました。


　ふたたび列車《れっしゃ》が動《うご》きだすと、二橋《にはし》さんの声がひきしまりました。

「わたしは、人びとの防災意識《ぼうさいいしき》が低《ひく》くなっていたことが、犠牲者《ぎせいしゃ》をふやしてしまった原因《げんいん》のひとつだと考えているのです」

　山本《やまもと》さんは、ドキリとしました。

（どうして？　なぜ、防災意識《ぼうさいいしき》が低《ひく》くなってしまったの？）

　二橋《にはし》さんは、その疑問《ぎもん》に答えるように話しだしました。

「じつは、三・一一の前日や前々日にも、大きな地震《じしん》がありました。そのたびに津波注意報《つなみちゅういほう》が出ました。ところが、五十から六十センチの津波《つなみ》しか来ませんでした。三月十一日も、地震《じしん》が起《お》きたあと、津波警報《つなみけいほう》が出ました。そのときに、こんなふうに思った人がいたんです。

――いままでも来なかったし、今回も津波《つなみ》は来ないだろう。

――もし来ても、そんなに高くないだろう。ここの防潮堤《ぼうちょうてい》は十二メートルもあるから、きっとだいじょうぶ。

そういう人は、『危険《きけん》です！　いますぐ避難《ひなん》してください』と言われても、すぐににげようとはしませんでした。

――きっと、たいしたことないよ。

『津波《つなみ》が防潮堤《ぼうちょうてい》の近くまで来ています。もうすぐ越《こ》えます！　ただちに避難《ひなん》してください！』

――え？　ほんとうに？　津波《つなみ》が来ているの？

運悪《うんわる》く、高い防潮堤《ぼうちょうてい》と防潮林《ぼうちょうりん》で、海が見えなかった人もいました。その人たちが津波《つなみ》を目にしたのは、すでに防潮堤《ぼうちょうてい》を越《こ》えて、目の前にせまってきたときだったでしょう……」

二橋《にはし》さんは、にげおくれる人の心理をわかりやすく説明《せつめい》しました。

「みなさんが住《す》んでいる家や学校は、海から遠いところにあるかもしれません。でも、津波《つなみ》は、いつどこで遭遇《そうぐう》するかわかりません。みなさんが海水浴《かいすいよく》をしているときかもしれないし、ディズニーランドで遊《あそ》んでいるときかもしれない」

山本《やまもと》さんは、おもわず友だちと顔を見あわせます。

（どうするの？　地震《じしん》が起《お》きたら、どこへにげたらいいかなんて、全然《ぜんぜん》わからない……）

「自然災害《しぜんさいがい》は、地震《じしん》や津波《つなみ》だけではありません。集中豪雨《しゅうちゅうごうう》や土砂災害《どしゃさいがい》もあります。学校までの通学路《つうがくろ》や、毎日生活している家の中でも、さまざまな危険《きけん》が想定《そうてい》されるはずです。いざというときにどうするのかを知っているだけでも、命《いのち》を守《まも》る行動《こうどう》をとることができます。ちょっとした知識《ちしき》が、命《いのち》を救《すく》うんです」

（そうか、わたしたちも日ごろから、ちゃんと考えておかなければいけないんだな）

山本《やまもと》さんたちは、二橋《にはし》さんの話に深《ふか》くうなずきました。

久慈駅《くじえき》に着《つ》くと、二橋《にはし》さんは、生徒《せいと》ひとりひとりの目を見ながら、心をこめて言いました。

「わたしの願《ねが》いは、この震災学習列車《しんさいがくしゅうれっしゃ》に乗《の》った方が、だれひとりとして、自然《しぜん》災害《さいがい》で命《いのち》を落《お》とさないことです。

みなさんは、自分の命《いのち》を自分で守《まも》れる人になってください。

本日は、ありがとうございました」

拍手《はくしゅ》の中、二橋《にはし》さんのガイドは終《お》わりました。

震災学習列車《しんさいがくしゅうれっしゃ》が久慈駅《くじえき》に着《つ》いたとき、山本《やまもと》さんは、二橋《にはし》さんの言葉《ことば》をかみしめていました。

（震災《しんさい》のすぐあとは、被災地《ひさいち》のことをずっと考えていたし、防災《ぼうさい》についても考えていたつもりだった。でも、いつの間にか、わすれかけていた……）

山本《やまもと》さんは、震災学習列車《しんさいがくしゅうれっしゃ》で学んだことを、校内新聞にまとめたいと思っています。

（学校の友だちにも、きっと、震災《しんさい》のことをわすれかけている人がたくさんいるはず。みんなに、もう一度《いちど》思いだしてもらいたい。二橋《にはし》さんが言っていたように、いつ、どこで、災害《さいがい》が起《お》きるかわからないんだから……）

列車《れっしゃ》をおりていく生徒《せいと》たちの後ろすがたを、二橋《にはし》さんは願《ねが》いをこめて見送《みおく》りました。

——これからの時代《じだい》を生きていくみなさん、今日見たこと、感《かん》じたことを、どうか、未来《みらい》へつないでください！

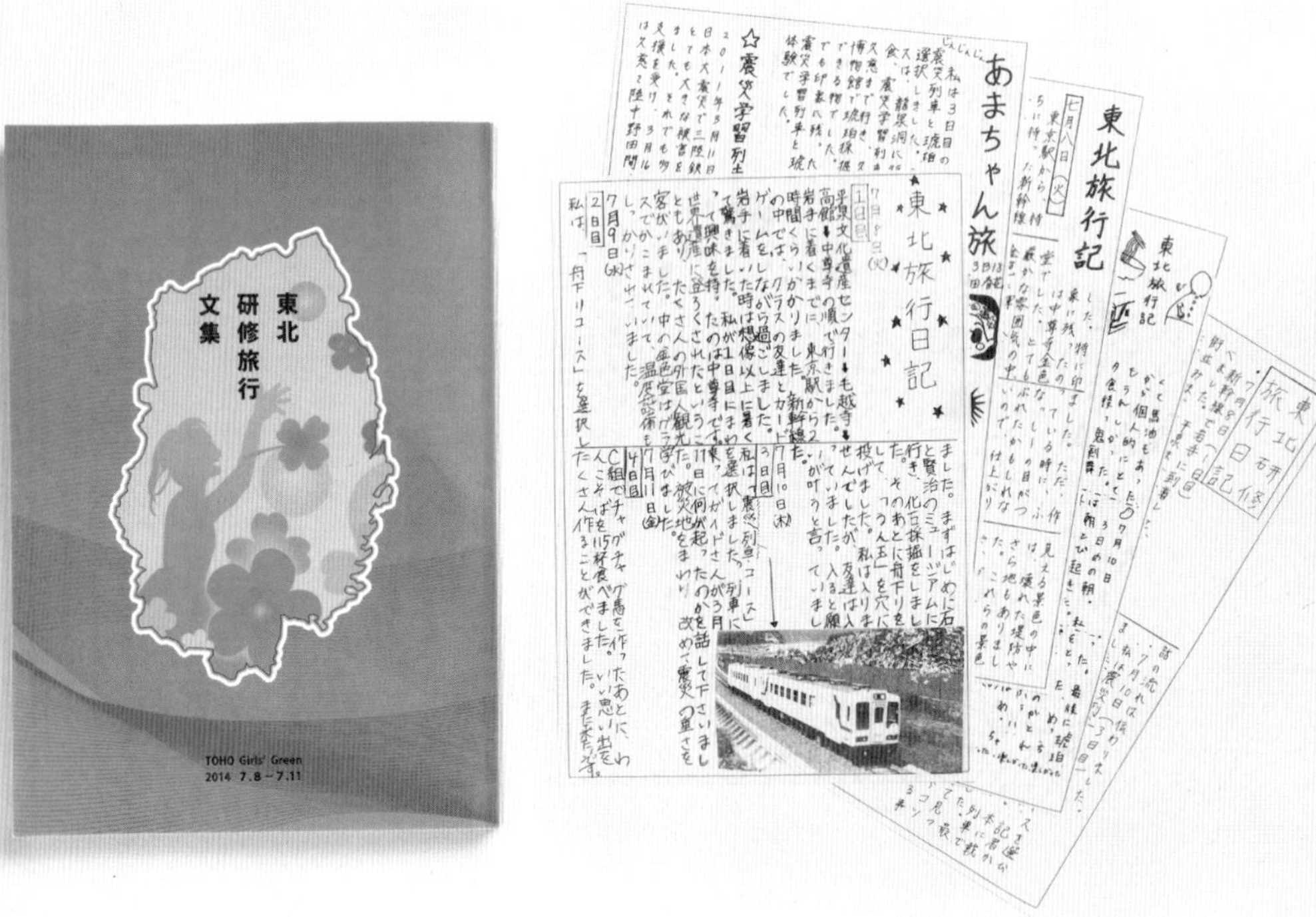

旅行後《りょこうご》にまとめられた、桐朋《とうほう》女子中学校の文集《ぶんしゅう》。「津波《つなみ》はわたしが想像《そうぞう》していたより、はるかにおそろしいものでした」
「いま、学校に通い友だちに会えることがどんなに幸《しあわ》せかを、あらためて認識《にんしき》することができました」
「ここで聞いたことを家族《かぞく》や友だちに伝《つた》えたい」など、たくさんの感想《かんそう》がつづられている

おわりに

この本を読んでくれているみなさんは、いま、どこに住《す》んでいますか?

わたしは宮城県南部《みやぎけんなんぶ》に住《す》んでいます。そこから岩手県《いわてけん》の久慈市《くじし》に行くには、新幹線《しんかんせん》や電車を乗《の》りついで、四時間もかかりました。

(同じ東北に住《す》んでいるのに、なんて遠いんだろう。交通の便《べん》が、まだまだよくないんだな)

岩手県沿岸部《いわてけんえんがんぶ》が、かつて〝陸《りく》の孤島《ことう》〟とよばれていたことを、あらためて実感《じっかん》しました。

わたしがはじめて久慈《くじ》の北リアス線運行部《うんこうぶ》をおとずれたのは、氷点下《ひょうてんか》の冬の日のことでした。震災学習列車《しんさいがくしゅうれっしゃ》と同じ、久慈駅《くじえき》から田野畑駅《たのはたえき》までの区間《くかん》を実際《じっさい》に乗《の》りながら、二橋《にはし》さんのお話を聞かせてもらいました。

つぎの日、被害の大きかった、陸中野田駅《りくちゅうのだえき》近くの線路《せんろ》のそばに立ちました。目の前には、津波《つなみ》で破壊《はかい》された防潮堤《ぼうちょうてい》の残《ざん》がいや、かれた防潮林《ぼうちょうりん》、そして基礎《きそ》だけになった民家《みんか》のあとが、冷《つめ》たい風にふかれていました。

（人の営《いとな》みが、たしかにここにあったはずなのに……）

さびしさが心にしみたとき、ガタンガタンとレールを鳴らしながら、一両《りょう》編成《へんせい》の三陸鉄道《さんりくてつどう》の列車《れっしゃ》が走ってきました。小さな列車《れっしゃ》は、がらんとした景色《けしき》の中で、まるでおもちゃが走っているように見えます。

けれども、その小さな列車《れっしゃ》を見つめていたわたしの胸《むね》に、ひたひたと熱《あつ》いものがこみあげてきました。

前を向《む》いてひたむきに走っていく列車《れっしゃ》の、なんとけなげで、力強いことでしょう！

（三鉄《さんてつ》、がんばれ！）

心の中で、そうさけんでいました。

温《あたた》かい気持《きも》ちで列車《れっしゃ》を見送《みおく》ってから、北リアス線で被害《ひがい》のもっとも大きかった、島越駅《しまのこしえき》まで足をのばしてみました。

そこでは、二〇一四年四月の開通《かいつう》を目指《めざ》し、工事《こうじ》が進《すす》められているところでした。

(わあ、すごい。巨大《きょだい》な築堤《ちくてい》だ!)

高さ十四メートルの築堤《ちくてい》に、おもわず目を見はります。

コンクリートで固《かた》めてがんじょうに作られているのは、第《だい》二の防潮堤《ぼうちょうてい》の働《はたら》きをするためです。

新しい島越駅《しまのこしえき》をささえる、巨大《きょだい》な築堤《ちくてい》

島越駅《しまのこしえき》の周辺《しゅうへん》を見わたすと、かつて集落《しゅうらく》があったことをしめす、家の基礎《きそ》部分《ぶぶん》だけが広がっていました。

(巨大《きょだい》な築堤《ちくてい》を建設《けんせつ》しているというのに、ここにはもう、ほとんど、人が住《す》んでいない……)

そう感《かん》じたとき、二橋《にはし》さんの言葉《ことば》があざやかによみがえりました。

「人が住《す》んでいない場所《ばしょ》に、鉄道《てつどう》を通してもむだだと思いますか？　そうじゃない。わたしたち三陸鉄道《さんりくてつどう》は、人がいなくなったからこそ通すんですよ」

二橋《にはし》さんは、強い声で言いました。

「だって、鉄道《てつどう》が通っていなかったら、みんながもどってきたくても、もどってこられないじゃないですか」

何度《なんど》もおそいかかる困難《こんなん》を克服《こくふく》しながら、「おらが鉄道《てつどう》」の思いをつないできた三陸鉄道《さんりくてつどう》。

二橋《にはし》さんの言葉《ことば》を聞いて、その魂《たましい》にふれたように感《かん》じました。

（どうか、ひとりでも多くの人が、帰ってこられますように。そしてふたたびこの地が、また人の営《いとな》みでにぎわいますように）

大工事《だいこうじ》の進《すす》む現場《げんば》を見ながら、そう祈《いの》らずにいられませんでした。

二〇一四年四月。震災発生《しんさいはっせい》から三年の年月をへて、ついに三陸鉄道《さんりくてつどう》は、北リアス線と南リアス線の全線《ぜんせん》を復旧《ふっきゅう》させました。

震災《しんさい》直後の壊滅的《かいめつてき》な状況《じょうきょう》からの復活《ふっかつ》に、全国《ぜんこく》の人びとが、心から祝福《しゅくふく》の拍《はく》手《しゅ》をおくりました。

岩手県《いわてけん》のローカル線にすぎなかった三陸鉄道《さんりくてつどう》が、なぜ、奇跡的《きせきてき》に復活《ふっかつ》することができたのでしょう。

わたしは、大震災《だいしんさい》が発生《はっせい》してから、テレビや新聞で何度《なんど》も「きずな」という言葉《ことば》を見聞きしました。でも、「きずな」とは何なのか、なかなか答えが見えないまま、考え続《つづ》けてきました。今回、震災学習列車《しんさいがくしゅうれっしゃ》に乗《の》ってみて、その意《い》味《み》が少しだけわかったような気がします。

三陸鉄道《さんりくてつどう》には、長い時間をかけてつちかってきた地域《ちいき》の人との深《ふか》いつながりがありました。それが「きずな」であり、その「きずな」こそが、三陸鉄道《さんりくてつどう》を復活《ふっかつ》させたのです。

そして、震災学習列車《しんさいがくしゅうれっしゃ》は、地域《ちいき》の人だけでなく、全国《ぜんこく》の人たちと被災地《ひさいち》とを結《むす》んでくれているのではないでしょうか。

自然《しぜん》の大きな力の前では、人間は弱い存在《そんざい》にすぎません。しかし、人びとはたがいに手をつなぎあうことで、困難《こんなん》に打《う》ち勝《か》つ強い力を生みだすことができるのです。

震災《しんさい》は、わたしたちが生きていくうえで、人と人とのつながりが必要《ひつよう》であることを、もう一度《いちど》気づかせてくれたのかもしれません。

震災学習列車《しんさいがくしゅうれっしゃ》に乗《の》った人たちは、自分の見たこと、感《かん》じたことを持《も》ち帰《かえ》り、周《まわ》りの人に伝《つた》えてくれることでしょう。

——新しいきずなが、未来《みらい》を切り開《ひら》く力を生みだしてくれる。
わたしは、そう信《しん》じています。

貴重《きちょう》なお話を聞かせてくださった、三陸鉄道《さんりくてつどう》の二橋守《にはしまもる》さん、熊谷松一《くまがいしょういち》さん、金野淳一《こんのじゅんいち》さん、橋上和司《はしかみかずし》さん、山陰泰明《やまかげやすあき》さん、桐朋《とうほう》女子中学校のみなさん、そして「風化《ふうか》させせまい!」の同じ思いで本を作ることができた、編集《へんしゅう》の鈴木《すずき》亜紀《あき》さんに、心より感謝申《かんしゃもう》しあげます。

堀米《ほりごめ》 薫《かおる》

取材協力

三陸鉄道株式会社／桐朋女子中学校

写真提供

三陸鉄道株式会社

参考文献

『開業25周年記念出版 三陸鉄道』（三陸鉄道株式会社・編／盛岡タイムス・発行）
『線路はつながった 三陸鉄道 復興の始発駅』（冨手淳・著／新潮社）
『三陸鉄道 情熱復活物語 笑顔をつなぐ、ずっと・・』（品川雅彦・著／三省堂）
『よみがえれ！ みちのくの鉄道』（東北の鉄道震災復興誌編集委員会・編／国土交通省東北運輸局・監修）

※震災学習列車から見た状況、登場人物の肩書き等は取材当時のものです

震災学習列車　問い合わせ先

北リアス線運行部　電話：0194-52-3411
南リアス線運行部　電話：0192-27-9669

くわしくは三陸鉄道のホームページをごらんください。
http://www.sanrikutetsudou.com/

堀米 薫（ほりごめ かおる）

福島県生まれ。岩手大学大学院農学研究科修了。宮城県角田市で専業農家（水稲・山林・和牛肥育）の主婦をつとめるかたわら、農業や自然をテーマに児童文学作品やエッセイを書き続けている。日本児童文芸家協会会員。「季節風」「青おに童話の会」同人。『チョコレートと青い空』（そうえん社）で児童文芸新人賞を受賞。作品に『林業少年』（新日本出版社）、『思い出をレスキューせよ！』（くもん出版）、『モーモー村のおくりもの』（文研出版）、『牛太郎、ぼくもやったるぜ！』『ぼくらは闘牛小学生！』『命のバトン』（以上、佼成出版社）など。

感動 ノンフィクションシリーズ

きずなを結ぶ震災学習列車
三陸鉄道、未来へ

2015年2月28日　第1刷発行

著者＝堀米 薫
発行者＝岡部守恭
発行所＝株式会社佼成出版社
〒166-8535 東京都杉並区和田2-7-1　電話（販売）03-5385-2323（編集）03-5385-2324
印刷所＝株式会社精興社
製本所＝株式会社若林製本工場
ブックデザイン＝藤井 渉（エイトグラフ）
表紙写真＝石橋利浩

http://www.kosei-kodomonohon.com/

Kosei shuppan

落丁本・乱丁本は送料小社負担にてお取り換えいたします。

ISBN978-4-333-02702-6 C8336 NDC916/128P/22cm